AF368873

TRAITÉ

DES

ASSURANCES MARITIMES.

Imprimerie de Poussielgue, rue du Croissant-Montmartre, 12.

TRAITÉ

THÉORIQUE, PRATIQUE ET COMPLET

DES

ASSURANCES MARITIMES

suivi d'un appendice

sur les ASSURANCES TERRESTRES et de formules annotées de POLICES D'ASSURANCE, D'ACTES DE DÉLAISSEMENT, de RÉGLEMENT D'AVARIES, etc.

Par MM. L. GIRAUDEAU, avocat,
et COURTOIS (de Sézannes),
rédacteurs du Répertoire et des Annales du Droit Commercial.

A PARIS,

CHEZ LES AUTEURS, RUE D'HANOVRE 17,
ET A LA LIBRAIRIE DU COMMERCE,
RUE SAINTE-ANNE, N° 71.

—

1837

Ann., t. 2, p. 42.	Annales du Droit Commercial, Giraudeau, tome deuxième, page 42.
Arg.	Argument.
Arn. Vinn.	Arnold Vinnius sur Peckius.
Arr.	Arrêt.
Art.	Article.
Bril.	Brillon, Dictionnaire des arrêts du parlement.
Av. cons. d'Et.	Avis du conseil d'Etat.
Bern.	Bernard sur Emerigon.
Boud.	Boudousquié, Traité de l'assurance contre l'incendie.
Boul. Pat.	Boulay-Paty, Droit commercial maritime.
Cass.	Cassation.
Cas. reg.	Casa regis, discursus legale de commercio.
Cleir.	Cleirac, us et coutumes de la mer.
D., t. 5, p. 24.	Dalloz, Jurisprud. générale du royaume, t. 5, page 24.

D., t. 4, 2ᵉ part. p. 30. — Dalloz, Recueil périodique, tome 4, deuxième partie, page 30.

Dag. — Dageville, Code de commerce expliqué.

Décr. — Décret.

De Luc. — Le cardinal de Luca, de credito.

Emer. — Emerigon, Traité des assurances.

Delv. — Delvincourtes, Institut du droit commercial.

Fav. de L. — Favart de Langlade, Répertoire de la nouvelle législation.

Frem. — Fremery, Etudes du droit commercial.

Grunn et Joliat — Traité des assurances contre l'incendie.

Marsch. — Marschall, a Treatise on the law of assurance

Laf. — Lafond, Guide de l'assureur et de l'assuré.

Loc. — Locré, Esprit du Code de commerce.

Pard., l. m. — Pardessus, Lois maritimes.

Pard., com. — Pardessus, Droit commercial.

Mab. — Mably, Droit public de l'Europe.

Ord. 1681. — Ordonnance de 1681.

Poth. — Pothier, Traité des assurances.

Estr. sur Poth. — Estrangin sur Pothier.

Quen. — Quenault, Traité des Assurances.

Sect.	Section.
S., t. 5, 2ᵉ, part. p. 35.	Sirey, Jurisprudence générale, tome 5, 2ᵉ partie, page 35.
Stev.	Stevens, Essay on average.
Straccha, de m.	*Id.*, de mercaturà.
Stypmannus, j. m.	*Id.* Jus maritimum.
Val.	Valin, Commentaire sur l'ordonnance de 1681.
Vinc.	Vincens, Législation commerciale.
Vesk.	Veskett, a complete Digest of the theory, laws and practice of assurance.
C. com.	Code de commerce.
C. civ.	Code civil.
C. pro.	Code de procédure civile.

INTRODUCTION.

Les assurances maritimes qui, sous l'ancien droit, avaient été l'objet des méditations de nos plus célèbres jurisconsultes, sont restées depuis quelques années dans un oubli presque complet.

Quelques-uns de nos auteurs modernes (1) ont bien traité des assurances maritimes avec quelque étendue ; mais à l'époque où ils ont écrit la jurisprudence, encore indécise, n'avait pas été mise en demeure de se prononcer sur une foule de cas aujourd'hui hors de discussion.

Ces ouvrages, d'ailleurs incomplets pour

(1) **MM.** Boulay-Paty, Bernard, Vincens, Pardessus, Delvincourt, Dageville.

TRAITÉ

THÉORIQUE, PRATIQUE ET COMPLET

DES

ASSURANCES MARITIMES.

Le *contrat d'assurance maritime* est une convention par laquelle une partie qu'on appelle *assureur*, s'oblige, moyennant un prix convenu, à répondre envers l'autre, qui se nomme *assuré*, des pertes et dommages que peuvent faire éprouver à celui-ci les *risques* et fortunes de la navigation. La somme que l'assuré donne ou s'oblige de donner à l'assureur pour le prix du risque est appelée *prime d'assurance* (1); l'acte qu'on dresse par écrit de ce contrat prend le nom de *police d'assurance*.

---

(1) De *præmium*, prix, selon les uns, ou de *primò*, d'abord, selon les autres.

DIVISION DE LA MATIÈRE.

§ 3e. Du ristourne fondé sur ce qu'on aurait assuré ce qui ne peut être l'objet d'une assurance.

§ 4e. Du ristourne pour insolvabilité de l'assureur ou de l'assuré.

Chap. 6. *Des prescriptions et fins de on-recevoir.*

Chap. 7. *Compétence et procédure.*

Chap. 8. *Enregistrement et timbre.*

Chap. 9. *formules.*

CHAPITRE PREMIER.

Notions historiques sur le contrat d'assurance maritime.

1. Le contrat d'assurance, comme la plupart des créations humaines, fut le produit du hasard et de la nécessité; aussi ne connaît-on ni ses inventeurs, ni le peuple qui le premier le mit en usage : les uns attribuent cette invention aux Lombards, d'autres aux Florentins, d'autres enfin, et c'est le plus grand nombre, aux Juifs chassés de France, à qui nos chroniqueurs du moyen-âge ont fait honneur de tant de découvertes utiles et ingénieuses.

2. Ce qu'il y a de certain seulement c'est que ce contrat n'était pas connu des anciens : on ne trouve même rien qui s'y rapporte dans la fameuse collection des

lois Rhodiennes, qui régirent pendant long-temps le droit maritime de la Méditerranée; il n'en existe non plus aucune trace dans les monumens de la législation maritime de la Grèce, de qui les Romains paraissent avoir emprunté la leur, comme ils avaient fait déjà de leurs lois civiles à la naissance de leur république ; ces derniers cependant paraissent avoir connu une sorte d'assurance (qui n'était en réalité qu'une gageure, puisque l'assuré n'était pas interressé à la chose qui faisait l'objet du contrat) qui est encore permise dans plusieurs pays d'Italie, à Naples, à Florence, à Livourne, et qui fut prohibée à Amsterdam, à Gênes et en Angleterre par un statut de George II.

3. Un acte qui précéda de quelques siècles l'emploi du contrat d'assurance tel que nous le connaissons aujourd'hui, consistait dans des stipulations d'une communauté de risques entre tous les chargeurs d'un navire, ou même de plusieurs navires voyageant de conserve. Plusieurs chapitres de la collection connue sous le nom de *Consulat de la mer* en attestent l'usage pendant les 12ᵉ et 13ᵉ siècles.

4. Il y avait loin, a dit M. Pardessus (collection des lois maritimes, t. 2ᵉ,

p. 369), de cette combinaison étroite à celle par laquelle de hardis spéculateurs soumettant à leurs prévisions toutes sortes de risques, depuis l'inconstance des saisons et la fureur des flots jusqu'aux chances de la politique et aux hasards de la guerre, offriraient aux navigateurs la réparation entière de leurs pertes, en échange d'une faible rétribution connue sous le nom de *prime*. L'expérience et le crédit devaient seuls amener ce grand résultat.

5. Quoi qu'il en soit du tems où le contrat d'assurance a été inventé, du pays où il a commencé à être usité (1), il paraît certain que lors de la rédaction du guidon de la mer, vers le commencement de la seconde moitié du XVIe siècle, il était géné-

---

(1) Si l'on s'en rapporte aux monumens législatifs pour décider cette question, nous pensons qu'il faudra faire honneur de cette utile invention aux peuples qui habitent le littoral de la Méditerranée. La première loi promulguée en Flandre sur les assurances est de 1537; le Guidon de la mer a été rédigé vers 1560, et, plus d'un siècle auparavant, en 1435, les magistrats de Barcelone avaient publié une ordonnance qui, après de nombreuses extensions et modifications, fut définitivement rédigée en 1486.

ralement pratiqué en France, en Italie, en Espagne, en Angleterre et en Flandre.

6. Aujourd'hui ce contrat tel qu'il est admis en France ne peut avoir uniquement pour objet que la réparation du préjudice auquel est exposée une chose abandonnée aux chances de la navigation. Quant à cet autre contrat qui, comme nous l'avons dit, n'est qu'une espèce de gageure, les principes de l ordonnance de la marine de 1681 et ceux de notre code de commerce le repoussent également; c'est à son occasion que l'orateur du gouvernement a dit au corps législatif: « La législation française ne naturalisera jamais l'immoralité des paris. »

CHAPITRE II.

De la nature, de l'objet et de la forme du contrat d'assurance.

7. Deux idées fondamentales doivent dominer toute la matière des assurances maritimes : la première, c'est que l'assurance ne peut jamais être un moyen de lucre pour l'assuré ; la seconde, c'est que le contrat d'assurance ne devant servir qu'à garantir les négocians des pertes auxquelles ils sont exposés par *les risques et fortunes de mer,* on ne peut assurer

que les choses qui sont dans le commerce.
« Les chances de la navigation entra-
» vaient le commerce, a dit l'orateur du
» gouvernement lors de la présentation
» du titre 10 du livre 2 du Code de com-
» merce; le système des assurances a
» paru, il a consulté les saisons, il a
» porté ses regards sur la mer, il a in-
» terrogé ce terrible élément, il en a
» jugé l'inconstance. il en a pressenti
» les orages, il a épié la politique, il a
» reconnu les ports et les côtes des deux
» mondes, il a tout soumis a des calculs
» savans, à des théories approximatives,
» et il a dit au commerçant habile, au
» négociateur intrépide : Certes, il est
» des désastres sur lesquels l'humanité
» ne peut que gémir; mais quant à votre
» fortune, allez, franchissez les mers,
» déployez votre activité et votre indus-
» trie, je me charge de vos risques. »

8. Comme on voit, ce contrat est essentiellement aléatoire, puisque chaque
partie court des chances. En effet, l'assureur aura gagné la prime s'il n'arrive
aucun dommage, mais il sera contraint
de le réparer s'il en survient; l'assuré, de
son côté, aura payé inutilement la prime s'il n'arrive aucune perte; dans le

cas contraire, il en sera dédommagé par l'assureur.

9. La nature du contrat d'assurances veut encore que l'assuré ne puisse faire assurer une seconde fois les marchandises qui sont déjà sous la sauvegarde d'une première assurance, puisqu'alors elles ne sont plus à ses risques.

10. Mais rien n'empêche qu'il les fasse assurer partiellement et successivement par différentes personnes, dont les assurances réunies n'excèderaient pas la valeur totale des marchandises, comme aussi qu'il les fasse assurer d'abord pour certains risques et ensuite pour tous les autres risques. L'assurance peut donc être faite sur le tout ou sur partie des objets exposés aux risques, conjointement ou séparément, en temps de paix ou en temps de guerre, avant ou pendant le voyage du vaisseau; pour l'aller et le retour, ou pour l'un des deux seulement; pour le voyage entier ou pour un temps limité, et à l'occasion de tous voyages et transports par mer, rivières ou canaux navigables. C. com., art. 335.

11. On peut aussi par conséquent faire assurer la valeur des réparations faites pendant le voyage au navire qui aurait

éprouvé des avaries, encore bien qu'en partant on ait fait assurer le navire pour sa valeur totale, parce que, dans le cas où le navire viendrait à périr ensuite, ceux qui l'ont assuré ne paieraient que la *valeur assurée* et non pas l'importance des réparations faites en voyage, qui serait alors perdue pour l'assureur.

12. On peut conclure de ce que nous venons de dire que trois choses sont de l'essence du contrat d'assurance, et qu'il ne pourrait exister sans elles :

1° Un objet estimable à prix d'argent, qui fasse la matière du contrat;

2° Des risques auxquels cet objet soit exposé;

3° Une prime stipulée au profit de l'assureur pour garantir ces risques.

13. C'est ce qui fera la matière des § 2, § 3, § 4, de ce chapitre. Nous dirons auparavant dans le 1er § quelles personnes peuvent être parties dans un contrat d'assurance; dans le 5e nous examinerons les conditions internes de ce contrat, ce qu'il doit contenir, sa forme intrinsèque, et enfin dans le 6e nous traiterons de sa forme proprement dite, c'est-à-dire de la forme externe de ce contrat.

§. 1er *Quelles personnes puvent être parties dans un contrat d'assurance.*

14. L'assurance passive n'étant jamais autre chose qu'un acte d'administration, la faculté de faire assurer doit appartenir à quiconque est capable d'administrer son patrimoine (C. civ., 488; Boulay-Paty, 3,297; Dageville, 3,36.) L'assurance active, étant au contraire essentiellement un acte commercial, ne peut être permise qu'aux personnes qui ont capacité pour se livrer au commerce. Ainsi les juges, excepté ceux des tribunaux de commerce, les administrateurs de la marine, les consuls ou vice-consuls, et généralement toutes les personnes à qui leur qualité interdit le commerce, ne peuvent se rendre assureurs.

15. M. Dageville, t. 3, p. 39, veut étendre cette interdiction aux ecclésiastiques. Nous sommes loin d'être de cet avis ; nous déciderions plutôt avec MM. Locré (t. 2. p. 50), et Bernard, (sur Emérigon, p. 144), qu'en l'absence d'une loi prohibitive rien ne peut s'opposer à ce qu'ils soient considérés comme aptes à faire ce contrat.

16. Il n'y a pas davantage de motifs pour empêcher l'étranger d'assurer en

France, comme le Français le peut à l'é-
tranger ; une prohibition sur ce point,
serait l'une des plus malheureuses en-
traves apportées à la liberté commerciale.

17. Les notaires on courtiers chargés
de faire une assurance ne peuvent y
prendre aucune part. C. com. 79, 85.

18. On admet généralement en principe que le commissionnaire chargé de
faire une assurance ne peut se rendre lui-
même assureur de son commettant, parce
qu'il aurait comme assureur un intérêt
contraire à celui qu'il devrait défendre
comme commissionnaire, (Emérig.,
chap. 5, sect. 9: Boulay, 3, 301 et Dagev.,
3, 31). Cependant nous croyons avec Bernard et Pothier (Traité du mandat,
n° 14), que si le contrat a été rédigé de
bonne foi et moyennant une prime au
cours de la place, et si d'ailleurs toutes
les intentions du commettant ont été
remplies, on ne pourrait pas plus lui refuser le paiement de la prime qu'il ne serait fondé, en cas de sinistre, à exciper
de sa qualité de mandataire pour demander la nullité du contrat. Toutefois,
dans ce cas, nous pensons qu'il sera toujours plus prudent de donner de suite
avis à l'assuré de ce qui vient d'être fait,

et de lui demander une ratification ou au moins une accusé de réception.

19. Une question plus difficile à résoudre s'est élevée relativement aux créanciers d'un négociant qui soumet une partie de son avoir aux risques de la navigation, c'est celle de savoir s'ils peuvent faire assurer des marchandises appartenant à leur débiteur. On dit pour la négative que la prime promise à l'assuré est une charge imposée même par privilége sur l'objet assuré, que c'est une aliénation de partie de l'objet assuré, et qu'il n'y a que le propriétaire qui puisse ainsi se dépouiller; qu'ensuite en accordant ce droit aux créanciers, c'est rendre bien facile aux parties le jeu qui ne prend que trop souvent la place des opérations réelles (V. Dalloz, t. 2, 84; Bernard, p. 196). M. Pardessus a émis une opinion contraire, mais sans la motiver. Nous adoptons donc entièrement le système de MM. Daloz et Bernard, malgré l'autorité imposante du jurisconsulte qui a embrassé l'autre opinion.

§ 2. *Des choses qui peuvent faire la matière du contrat d'assurance maritime.*

20. On disait autrefois que l'assurance pouvait avoir pour objet tout ce que la loi

ne défendait pas de faire assurer; notre Code de commerce s'est mieux exprimé en posant en principe qu'on peut faire assurer tout ce qui, pouvant être l'objet d'une transaction commerciale, est exposé à des risques maritimes.

21. Ainsi le contrat d'assurance peut avoir pour objet les corps et quille du **vaisseau** (1), vide ou chargé, armé ou non armé, seul ou accompagné, les agrès ou apparaux, les armemens, les victuailles (2), les sommes prêtées à la grosse, les marchandises du chargement, *et toutes les autres choses ou valeurs estimables à prix d'argent, sujettes aux risques de la navigation.* C. com. 334.

22. Sous l'empire de l'ordonnance

---

(1) On entend par ces mots le navire avec tous ses accessoires, le loyer et les vivres de l'équipage compris. Quand on veut exprimer le navire avec ses accessoires et toutes les marchandises dont il est chargé, on l'exprime en disant que le navire est assuré corps et facultés.

(2) Le tribunal de commerce de Marseille a jugé le 21 avril 1821 que le montant d'une obligation souscrite par le capitaine, pour avances à lui faites, pour compte de son navire, et payable après son heureuse arrivée au port désigné, peut valablement faire l'objet d'une assurance. Journal de Marseille, 12e année, n°. 136 et suivans.

de 1681 (art. 19), les assurés, s'ils se trouvaient dans le vaisseau ou s'ils en étaient propriétaires, devaient toujours courir le risque du dixième, encore qu'ils eussent déclaré faire assurer le total. Notre code n'a pas reproduit cette disposition, qui n'est plus applicable aujourd'hui. Cass., 19 mai 1824; D. 2, 71.

23. On peut être surpris de voir le législateur juger nécessaire l'énumération qui précède la disposition générale par laquelle se termine l'art. 334 C. com. que nous venons de citer ; mais on s'expliquera facilement cette espèce de répétition si l'on se rappelle que l'on suivait en France avant l'ordonn. de 1681, dont notre Code de commerce a conservé tous les principes, le droit établi par les meilleures législations étrangères, et que le réglement d'Anvers (art. 8) défendait d'assurer le navire vide, et le règlement d'Amsterdam (art. 10), les victuailles et l'armement. L'ordonnance de 1681, et ensuite notre Code de commerce ont changé ce système, qui reposait sur des motifs fort peu solides, la diminution qu'éprouvent la plupart de ces objets étant plus que compensée par le fret que gagne le navire.

24. L'assurance n'étant pas, ainsi que

nous l'avons déjà dit, un moyen d'acquérir, mais seulement une garantie pour une perte réelle, notre code, complétant l'ordonnance de 1681, qui ne s'expliquait pas sur ce point, autorise ce contrat pour les sommes prêtées à la grosse (art. 334), mais il l'interdit formellement pour celles empruntées (art. 347). On s'expliquera facilement cette différence, si l'on veut bien remarquer que l emprunteur ne court plus les chances de la navigation, jusqu'à concurrence de ce qu'il a emprunté; il ne pourrait même pas convenir avec un tiers que, moyennant une prime quelconque, ce tiers serait chargé du remboursement du prêt en cas d'heureuse arrivée, car dans ce cas ce tiers *parie ait* réellement pour la perte.(Bernard, p. 351, Pardessus, n. 78). Mais il est hors de doute que si l'emprunt n'a été fait que pour une portion de la valeur de la chose exposée il pourra faire assurer le surplus. Analyse raisonnée des observations des tribunaux, p 89. Emérigon, chap. 7 et 8.

25. Celui qui a fait assurer des marchandises ne peut plus les faire réassurer, parce qu'à leur égard il ne court plus aucun risque; mais il court encore des risques relativement à la solvabilité de

l'assureur et à la prime qu'il s'est engagé à payer, et qui, en cas de perte du navire, est perdue pour lui sans dédommagement: il peut donc faire assurer (C. com. 342) et la prime et la solvabilité de l'assureur (1). Par la même raison la prime de la prime peut elle-même être réassurée jusqu'à la plus minime proportion.

26. Un exemple complétera cette explication. Vous faites assurer 20,000 fr. à la prime de 10 p. o/o ; si vos marchandises périssent vous perdez 2,000 fr.; vous faites assurer cette prime au même taux de 10 p. o/o, vous serez encore exposé à perdre 200 fr., puisque dans le cas de perte du navire le premier assureur vous paiera 20,000 fr. et le second 2,000 fr.; mais vous pouvez continuer ainsi, et faire assurer cette deuxième prime, puis une troisième, une quatrième, à l'infini, de manière que s'il y a perte de l'objet assuré

----

(1) Dans le cas où l'assuré s'est fait assurer la solvabilité de l'assureur, les deux assureurs sont et deviennent étrangers l'un à l'autre, et le second ne devient pas par conséquent le codébiteur de l'autre; aussi ne doit-il pas être admis selon nous à opposer le bénéfice de discussion. Émérig., ch. 8, sect. 15. Locré f. 4, p. 99. Estrangin, et f. p. 42. Dag. t. 3, p. 177. *Vide contra* Valin et Pothier.

vous ne serez exposé à souffrir qu'un dommage tout à fait nul.

27. Pour déterminer quelle est la prime à payer pour l'assurance de la prime d'un capital donné et pour la prime des primes à l'infini, il faut multiplier le capital par le taux de l'assurance et diviser le produit par la différence de 100 à ce même taux.

28. Malgré l'opinion contraire émise par Pothier (n° 34), on ne voit aucune raison pour décider que l'on ne pourrait faire assurer la prime et la prime des primes par l'assureur du capital ; et c'est d'ailleurs ce qui se pratique constamment (Emérigon, ch. 8, sect. 12, et Bernard, p. 359). En effet, l'assurance de la prime s'induit souvent de certains termes de la police qui cependant ne l'expriment pas littéralement ; par exemple, de la stipulation *que la prime ne sera payable qu'en cas d'heureuse arrivée,* ou bien encore de celle-ci : *nous vous permettons de vous faire assurer en entier la prime et la prime de la prime.* L'usage commercial attribue à ces expressions le même effet que si les assureurs du capital avaient dit qu'ils assuraient eux-mêmes la prime et la prime de la prime, et nous croyons que cette manière, abstraction faite de la bizarrerie des termes consa-

crés par la pratique, est beaucoup plus claire que les succession et complication d'assurances dont nous avons plus haut donné un exemple, et doit lui être préférée.

29. Par la même raison que le préteur à la grosse peut se faire assurer contre les risques qu'il court, l'assureur peut aussi faire assurer (mais par d'autres que l'assuré, puisque dans ce cas ce ne pourrait être qu'une espèce de gageure ou de dissolution du contrat primitif) le risque dont il a pris pour lui la responsabilité (com. 342); et comme la fixation de la prime dépend toujours du plus ou moins de danger que l'on prévoit lors du contrat, rien ne s'oppose à ce que la prime de réassurance soit moindre ou plus forte que celle de l'assurance. Com. 342.

30. Comme on le voit, la réassurance est un contrat nouveau, et à l'égard du premier assuré *res inter alios acta;* néanmoins rien n'empêche que le premier assureur stipule que les réassureurs, paieront en son acquit la perte au premier assuré, qui, s'il accepte, acquiert action et privilége contre les réassureurs et dans le cas contraire n'a pas, en cas d'insolvabilité du premier assureur, d'action directe contre ces réassureurs,

vis-a-vis desquels il ne peut agir que comme exerçant les droits de son débiteur. Bernard, p. 365. Emérig., ch. 8, sect. 14, § 2. Dageville, t. 3; p. 166.

31. Toutefois nous ferons remarquer que l'on peut cependant se faire cautionner la solvabilité de son débiteur, et que de cette manière, et à ce titre, l'assureur pourra se faire garantir par un tiers le paiement de la prime; mais ce ne sera pas une assurance régie par les principes du droit maritime, ce sera simplement un cautionnement.

32. Mais l'assureur qui fait réassurer doit-il déduire du montant de la réassurance la prime qui lui est due par l'assuré? Emérigon (chap. 8, sect. 14) le pensait ainsi, et citait à l'appui de son opinion un arrêt du parlement d'Aix, du 28 juin 1762. Valin (art. 20) et Pothier (n. 35) professaient une doctrine contraire, et disaient que dès-lors que l'assureur n'avait aucun risque maritime à courir pour la prime qui lui était due par son assuré, il ne pouvait la faire réassurer. MM. Boulay-Paty (te 1. page 256), et Bernard (page 368) ont adopté cette opinion, MM. Delvincourt(t. 2, p. 350). Pard. (t. 3, page 325) Estrangin (page 46), et Dagev. (t. 3, page 169), celle

d'Emérigon. Quant à nous, il nous semble que cette difficulté doit disparaître devant le principe capital de cette matière, qui est que les assurances n'ont pour objet que de garantir la perte des intérêts mis en risques maritimes, et qu'elles ne peuvent pas se réduire à de simples paris. Or, quel est le risque maritime de l'assureur? c'est uniquement de payer le dommage qui pourra arriver par fortune de mer à la chose assurée; car s'il court quelques chances au sujet du recouvrement de la prime qui lui a été promise par l'assuré, ce ne sont que des chances de solvabilité, et ces chances là ne sont pas, d'après l'art. 334, au nombre de celles qui peuvent donner lieu à ce contrat. Le texte de l'art. 342 ne se refuse nullement à notre interprétation; s'il y est dit au deuxième paragraphe que l'assuré peut faire assurer le coût de l'assurance, il est clair que cela ne peut s'appliquer à l'assureur, car le paragraphe suivant qui traite des conditions de la réassurance se borne à dire que la prime de réassurance peut être moindre ou plus forte, et le paragraphe précédent, qui dit ce que l'assureur peut faire réassurer, n'autorise que la réassurance des effets qu'il a assurés. Dès lors donc que la prime à payer à l'assureur n'est pas un objet qu'il ait assuré, et que ce n'est point une chose subordonnée aux événemens de mer, elle ne se trouve pas dans les conditions voulues pour être l'objet d'une assurance.

33. Le Guidon de la mer et l'ordonnance de 1681 permettaient à ceux qui s'embarquaient de faire assurer leur liberté; notre code ne le défend pas, et comme il s'agit d'un risque de navigation, on ne pourrait contester la validité d'une pareille assurance; en outre, il résulte positivement des art. 268 et 269 que la capture donne lieu à des indemnités; ce qui ne laisse pas de doute sur la possibilité d'en faire l'objet d'un pareil contrat, puisque chacun a le droit de faire assurer ce que la fortune de mer peut lui faire perdre.

34. Ainsi les propriétaires de navires peuvent faire assurer ce qu'ils sont exposés à payer pour capture, soit seuls, soit conjointement avec les propriétaires des marchandises, et ceux-ci peuvent en faire autant.

35. Les passagers et les gens de l'équipage peuvent eux-mêmes faire assurer leur liberté, sauf à diminuer ce qu'ils pourraient recevoir, à titre d'indemnité.

soit du navire seul, soit du navire et des marchandises.

36. Si la somme avait été fixée ce serait une loi pour chacune des parties, et aucune d'elles ne pourrait arguer ni de ce que le rachat aurait été fait à un prix supérieur, ni de même de ce qu'il aurait été obtenu à un prix moindre. On ne peut supposer qu'un homme se fasse capturer avec préméditation de réaliser un bénéfice sur le prix de son rachat.

37. M. Dageville (3. 123) pense que la police doit toujours mentionner une somme fixe pour ce genre de risque ; Emérigon (ch. 8, sect. 2,) et Pothier (174) s'accordent à dire au contraire que ce n'est pas essentiel ; mais ils ne sont plus d'accord quand il s'agit de savoir comment on exécutera une pareille police sans somme fixe. Celui-ci veut qu'on accorde au capturé le plus haut prix que l'assureur pouvait prévoir, et l'autre, qu'on lui alloue tout ce qu'il lui en a coûté pour se racheter, à quelque prix qu'il ait traité. Cette dernière opinion nous paraît préférable, pourvu cependant que le traité ait été fait de bonne foi, et à des conditions qui ne soient pas déraisonnables.

38. Si le capturé recouvre sa liberté par la reprise du navire, après le temps

de droit, la somme assurée n'en est pas moins due. (Emérigon. t. 1, p. 200.) Il en est de même s'il meurt en captivité. Emérigon *ibid*. Pothier, n° 174.

39. S'il s'échappe avant le rachat, le prix du rachat ne lui est pas moins dû s'il a été déterminé. (Emérigon, ch. 8.) M. Delvincourt n'est pas de cet avis; M. Dalloz l'admet avec raison selon nous, car si le captif avait touché le prix de sa rançon sans l'employer à cet usage, et qu'il se fût évadé en l'emportant, il ne pourrait certainement pas être contraint à le rendre.

40. Le Code n'a pas réitéré la défense faite par l'ordonnance de 1681 de faire aucune assurance sur la vie des personnes; pourquoi cette assurance serait-elle prohibée? parce que l'on ne peut faire assurer que ce qui est estimable à prix d'argent, répond-on; parce que la vie de l'homme ne peut pas être un objet de commerce, et enfin parce que ce genre d'assurance pourrait entraîner des crimes nombreux. Ces objections n'ont aucune valeur, dit M. Bernard; si l'on s'arrêtait à la dernière, il faudrait défendre les transactions les plus ordinaires de la vie, celles relatives à l'usufruit, à la rente viagère, les dispositions testamentaires. En second lieu, il n'est pas indis-

pensable que ce qu'on fait assurer soit vénal, et cela est si vrai que diverses ordonnances des 22 décembre 1819, 11 février et 12 juillet 1820, ont autorisé la formation de compagnies d'assurance sur la vie; et puis d'ailleurs, à proprement parler, on n'assure pas la vie, mais bien sur la vie le préjudice qu'en la perdant une pessonne peut faire éprouver à d'autres.

41. L'art. 347 du Code de commerce dispose que le contrat d'assurance est nul s'il a pour objet le loyer des gens de mer, des marchandises existant à bord du navire, qui ne sont encore que des profits éventuels. Jusqu'où s'étend cette dernière prohibition ? Sous l'ordonnance on distinguait entre le fret à faire et le fret acquis. On disait, par induction de l'article 18 du titre du fret, que l'art. 302 de notre Code reproduit presque textuellement, qu'on pouvait convenir avec le capitaine que dans le cas de perte des marchandises il ne restituerait pas le fret qui lui aurait été avancé : ou concluait de là qu'on pouvait stipuler que le fret serait dû à *tout événement*. et qu'alors n'étant plus une simple espérance de profit, mais bien un *fret dû*, un *fret acquis*, il pouvait être l'objet d'un contrat d'assurance. On

a considéré aussi comme fret acquis celui qui, dû pour une partie du voyage, retomberait en risque par une continuation de ce même voyage, par exemple, un fret de *tant* de la Martinique au premier port de l'Europe, mais qui sera de *tant* si ayant abordé à un port de l'Europe le navire vient jusqu'à Marseille. Si le navire arrive à Cadix et qu'il termine là son voyage, il a droit au premier fret ; mais s'il le continue et qu'il périsse, il ne peut rien réclamer des propriétaires des marchandises. C'est ce premier fret que le capitaine peut faire assurer en sortant de Cadix, selon l'opinion reçue. Cependant M. Estrangin (sur Pothier, n. 36) trouve que ce n'est là qu'une subtilité. M. Daloz, t. 2, p. 52, est aussi de cet avis. Quant à nous, nous nous sentirions bien plus disposés à contester l'assurance du fret convenu *à tout événement;* car le motif qui a déterminé la prohibition de l'assurance du fret c'est qu'il faut que l'armateur, le capitaine et l'équipage soient intéressés à ce que la navigation soit heureuse. Or si vous permettez au capitaine de mettre en sûreté un bénéfice qu'il aurait pu toucher à Cadix, vous ne le rendez pas pour cela indifférent au succès de son nouveau voyage de Cadix à Marseille. Si au contraire vous permettez de stipuler un fret payable à tout événement et de faire assurer ensuite ce fret, vous le rendez complétement étranger à la perte ou à la conservation du navire. Il est vrai que l'article 3o2 permet implicitement de convenir que le fret payé d'avance ne sera pas rendu ; mais c'est là une exception qui confirme la règle, et qui ne permet pas d'en créer d'autres par plus ou moins d'analogie. D'ailleurs est-ce qu'il n'est pas maintes circonstances où l'on n'aurait pas le droit d'exiger une somme, et où cependant on peut la garder si on l'a reçue (C. comm., art. 252 ; C. civ. 1965 et suiv). Un arrêt de la cour suprême du 5 juin 1832, confirmatif d'un arrêt de la cour de Rennes, du 25 mai 1831, a décidé que la prohibition d'assurer le fret à faire était d'*ordre public*, et que la nullité qui en résulte est tellement absolue qu'elle ne serait pas couverte par la ratification ou l'exécution même des parties. Mais si la loi autorise les assurances sur le fret fait à tout événement, ne serait-ce pas mettre en défaut la perspicacité du législateur, et aller contre son intention bien évidente. D'ailleurs l'art. 347 est formel ; il dit : Le contrat d'assurance est nul s'il a pour objet le fret des marchandises existant à bord du navire; et pour qu'on puisse se soustraire à l'application de cette règle il faudrait, selon nous, une disposition formelle ou des motifs puissans que nous ne voyons nullement.

42. Nous n'ignorons pas que dans des pays voisins on est beaucoup moins rigoureux, et qu'en Angleterre, notamment, on autorise les assurances sur le fret à faire aussi bien que sur le fret acquis; mais il ne s'agit ici que de notre législation. Nous ajouterons seulement qu'il est fâcheux que, sur des sujets semblables, où les nations ont tant de points de contact entre elles, il n'y ait pas plus d'uniformité. Il résulte de cette diversité que l'on peut faire assurer sur fret à l'étranger, et que pour diminuer les fâcheux effets de cette concurrence, qui emporte les assurances des navires en même tems que celles du fret, plusieurs compagnies françaises assurent le fret à faire en dépit de la loi, et qu'elles habituent les commerçans à se fier à elles, par la loyauté qu'elles mettent à remplir leurs engagemens, qui ne sont en réalité que des engagemens *d'honneur.* — V. formules de polices d'assurances.

43. De même qu'on peut faire assurer

le navire, mais non le fret à faire; de même on peut faire assurer les marchandises qu'il porte mais non le profit qu'on en attend. Com. 347.

44. Cependant on peut les évaluer au prix qu'elles valent lors de l'embarquement, parce que s'il y a déjà eu augmentation, ce n'est plus un bénéfice en espérance, c'est un bénéfice qu'on pourrait réaliser de suite, un *bénéfice acquis*.

45. Par la même raison la prise faite par un corsaire autorisé pour armer en course, peut être assurée à raison du risque qu'elle court jusqu'à ce qu'elle soit amenée dans un port français.

46. Pour déterminer la valeur des marchandises on comprend tous les droits et frais faits jusqu'à bord (art. 64 de l'ord.), les emballages, charriages, droits et provisions de celui qui adresse les marchandises (Guidon, ch. 2, n° 9 et 13; réglement d'Anvers, art. 11; réglement d'Amsterdam, art. 2), et encore (malgré l'assertion de Stypmann, p. 459, et de Thurulhe, n° 3, p. 334,) les droits de douane. Pothier n. 149, Emérigon, ch. 9, sect. 6.

47. L'assurance sur des marchandises destinées à entrer en France par fraude ou contrebande serait considérée par les

tribunaux français, à quelque nation qu'appartinssent les contractans, comme illicite ; mais il n'en serait pas de même de celle qui aurait pour objet des marchandises destinées à la contrebande en pays étranger.

48. Pothier, dont la sévérité de principes ne transige guère, combat avec force cette distinction. M. Bernard (p. 311) est du même avis. Il prétend que toute convention de contrebande, soit dans sa propre patrie, soit en pays étranger, allié ou ennemi, est nulle. Il cite à l'appui de son opinion deux arrêts de la cour de Rennes, l'un du 23 novembre 1825 l'autre du 1er décembre 1826, qui auraient annulé comme illicites des conventions de contrebande à l'étranger.

49. M. Pardessus, au contraire, a adopté la distinction de contrebande en France et de contrebande à l'étranger, admise par Emérigon et Valin, frappé de cette considération que *l'interlope* est un vice commun à toutes les nations commerçantes, et qu'il y aurait préjudice pour celle qui y mettrait plus de scrupule que les autres : on la trouve aussi consignée dans un arrêt du parlement d'Aix du 30 juin 1759, confirmatif d'une sentence de l'a-

mirauté de Marseille du 31 juillet 1758 ; et quelque bonnes que soient les raisons de Pothier et de Bernard, et des deux arrêts dont ce dernier auteur argumente, l'opinion reçue est qu'il n'est pas illicite de faire la contrebande à l'étranger, et qu'un pareil commerce peut profiter des assurances aussi bien que tout autre. La Cour de cassation, par un arrêt du 25 mars 1835, s'est aussi prononcée en ce sens. — V. *Annales*, t. 2, p. 88.

50. Le réglement de Barcelone (consulat, ch. 342) défendait d'assurer les effets de l'ennemi. Le guidon (ch. 2, art. 5) fait même défense. à moins qu'il n'y ait *licence et sauf-conduit de trafiquer ;* et il existe une sentence de l'amirauté de Marseille du 18 décembre 1759, et un arrêt du parlement d'Aix du 16 juin 1761, qui annulent une assurance parce que l'assuré était domicilié en Angleterre. — Cela n'est pas surprenant ; car la formule de déclaration de guerre était alors : « Sa majesté ordonne à tous ses sujets de courre sus aux.... tant par mer que par terre, et leur défend d'avoir avec eux aucune communication, commerce, ni intelligence, à peine de la vie; » et les ordonnances de 1543, art. 2, et 1584, art. 69, proscrivaient d'une manière absolue

tout commerce *direct* ou *indirect* avec les ennemis.

Cependant cette interdiction n'a pas toujours été aussi rigoureuse; à diverses époques il a été fait des trèves pour la pêche: en décembre 1752, les états-généraux des Provinces-Unies rendirent une ordonnance pour faire tolérer le commerce. Dans la guerre de 1677, Louis XIV ordonna de courir sus aux Espagnols, mais le commerce ne fut pas interdit entre les deux nations; et sous le ministère de Colbert, il ordonna, le 15 décembre de la même année, qu'il serait délivré des passeports à tous capitaines de vaisseaux marchands flamands et *autres ennemis*, qui voudraient faire commerce dans le royaume, et défendit de les arrêter sous peine de la vie. (Mably, droit public de l'Europe. ch. 12, sect. 1re, p. 308) — Valin et Pothier disaient : « dans le cours de la dernière guerre, les » négocians anglais assuraient nos mar- » chandises, et nous rendaient la valeur » des prises que nous faisaient ceux de » leur nation. » Et Emérigon ajoutait : « J'observerai que le commerce des assu- » rances, qui lors de la dernière guerre » n'avait pas été interrompu entre les » Français et les Anglais, continue éga-

» lement pendant la guerre actuelle. Il
» se fait sous le nom de commission **et**
» pour compte de qui il appartient : les
» pertes respectives sont payées sans dif-
» ficulté. »

51. Ceci est grave. Même sous l'empire de détestables formules de déclaration de guerre et de mauvais principes,
la force de la raison publique créait et
sanctionnait une sorte de droit de gens
qui prévalait sur le droit écrit. Maintenant que nous sommes bien loin de ces
anciennes haines nationales, et que nous
sommes arrivés à ce point de civilisa-
tion où il faut faire la guerre en se faisant le moins de mal possible, il n'y a
pas de doute que, si nous avions une
guerre maritime, les assurances ne seraient pas interdites entre les nations
ennemies. C'est aussi l'opinion de M. Pardessus, qui, après l'avoir émise, ajoute :
« Si jamais l'Europe éprouve le fléau de
» la guerre, il faut espérer que les sou-
« verains ne forceront pas leurs sujets à
» se considérer respectivement comme
» ennemis, et que le commerce consolera
» les peuples et préparera pour leurs
» chefs des moyens de rapprochement. »

§ 3. *Des risques.*

52. Nous avons vu qu'il était de l'essence du contrat d'assurance que la chose assurée fût exposée à un risque maritime, mais il n'est pas indispensable que tous les risques de la navigation soient mis à la charge des assureurs; il n'est pas nécessaire non plus pour la validité du contrat que ces derniers soient chargés des risques pendant toute la durée du voyage.

53. A défaut de conventions particulières, sont aux risques des assureurs toutes pertes et dommages qui arrivent aux objets assurés, par tempête, naufrage, échouement, abordage fortuit, changement forcé de route, de voyage ou de vaisseau; par jet, feu, prise, pillage, arrêt par ordre de puissance, déclaration de guerre, représailles, et généralement par toutes les autres fortunes de mer, (C. com. 350) prévus ou non prévus, ordinaires ou extraordinaires (Emérig. chap. 12, sect. 1re; Pard. n° 769) et si le temps des risques n'est pas déterminé par le contrat, il court à l'égard du navire, des agrès, apparaux, armemens et victuailles, du jour où le navire a fait voile jusqu'au jour où il est arrivé et amarré au port ou lieu de sa destination; à l'égard des marchandises, le temps des risques court du jour où elles ont été chargées dans le navire, ou dans les gabarres pour les y porter, jusqu'au jour où elles sont délivrées à terre. (C. com. 341 et 328.) Nous le répétons, ce ne sont là que des dispositions générales auxquelles les parties peuvent apporter des modifications dans la police, c'est ce qui résulte du texte même que nous venons de citer et encore du § 15 de l'art. 332 du Code de commerce.

54. Ainsi, par exemple, l'assurance peut être faite *pour un temps limité,* sans aucun égard aux *vicissitudes* de mer qui peuvent rendre le voyage beaucoup plus long; dans ce cas l'assureur est dégagé de toute garantie, après l'expiration du temps fixé, et l'assuré, de son côté, peut contracter une nouvelle assurance. (C. com 363.) Ainsi encore les assureurs peuvent, en insérant dans la police la clause *franc d'avaries,* s'affranchir de toutes avaries, excepté de celles qui donnent ouverture à délaissement. (C. com. 409) Toutefois en cas d'innavigabilité, cette dernière clause n'affran-

obirait pas l'assureur de l'obligation que lui impose l'art. 393 du Code de commerce de payer les avaries, frais de déchargement, magasinage, embarquement, excédant de fret, etc.; car quelle que soit l'extension qu'on doive lui donner, elle ne concerne que les sinistres majeurs, et l'on présume toujours alors que les parties n'ont eu en vue que les avaries proprement dites et nullement les cas qui sont de nature à pouvoir donner lieu au délaissement. Emér. t. 1. p. 690. Dag. t.3. p. 580.

55. Par argument de l'art. 409 du Code de commerce, on décide que lors même que la police contiendrait la clause *franc d'avaries*, l'assuré, en cas de perte ou détérioration de plus des 3|4 des effets assurés, pourrait, s'il le jugeait à propos, exercer l'action d'avarie de préférence à l'action en délaissement. Dag. t. 3. p. 419.

56. Il s'est élevé à l'occasion de cette clause *franc* d'avaries la question de savoir s'il fallait pour que la franchise tombât que l'assuré pût faire le délaissement, ou s'il suffisait qu'il y eût *cas* de délaissement, ce qui n'est pas absolument la même chose; un arrêt de la Cour de

Paris, du 31 janvier 1827, a décidé qu'il suffisait de cette dernière circonstance. Nous sommes complétement de cet avis.

57. De ce que tous les risques de mer sont à la charge des assureurs il ne s'en suit pas qu'ils soient chargés des risques dort la mer n'est que la cause occasionelle, ou qui sont du fait de l'asssuré. Ainsi ils ne répondraient pas des sinistres causés par abordage, s'ils provenaient de la faute du capitaine du navire assuré, non plus que des pertes résultant de ce que le navire aurait été mal lesté, ou les marchandises mal arrimées, ni des autres fautes ou prévarications du capitaine ou de l'équipage, connues sous le nom de *baratterie de Patron* (C. com. 353.) (1), à moins qu'ils n'eussent par une clause spéciale pris à leurs risques cette baratterie de patron ; ainsi encore tout changement de route, de voyage, ou de vaisseau et toutes pertes et dommages provenant du fait de l'assuré, ne sont pas à leur charge quoique la prime leur soit acquise s'ils ont

_____

(1) Dans le cas où la cause de l'abordage est douteuse elle doit être réputée fortuite, la présomption étant toujours de *eo quod plerumque fit.* Com. 407; Delv. 2, 380.

commencé à courir les risques. C. com. 351. (2).

58. Les mêmes raisons veulent qu'ils ne soient tenus ni des déchet, diminution et pertes qui arrivent par le vice propre ou la nature de la chose, le coulage par exemple, (3) ni du dommage causé par le

---

(2) Voir n° 60.

(3) Le coulage naturel est généralement évalué dans les voyages de long cours pour les eaux-de-vie, vins, huiles et autres liqueurs à 12 ou 15 pour cent; pour les sucres bruts à 13 ou 14; pour les indigos de 16 à 20, suivant qu'ils ont été chargés plus ou moins secs. — Dans les voyages de grand cabotage, le coulage ordinaire des liqueurs est évalué de 3 à 4 pour cent, et dans ceux de petit cabotage il n'est estimé qu'à 2 ou 3 pour cent. — Quand le coulage n'excède pas ces quotités, les assureurs n'ont à repondre de rien. Toutefois, cet ancien usage, qui nous est transmis par Valin et Émérigon, ne doit être consulté qu'autant qu'il n'y a pas de convention à cet égard ; ce qui est très rare ; car presque toutes les polices indiquent au-delà de quel coulage les parties entendent qu'il y ait responsabilité pour les assureurs.

On insère quelquefois dans la police une stipulation de *franchise de coulage* pure et simple, ce qui affranchit les assureurs même du coulage provenant de fortunes de mer. Arrêt de la cour d'Aix du 23 novembre 1818, cité par Boulay-Paty, tome premier, page 392 ; si cependant ce coulage était tel qu'il donnât ouverture à délais-

fait et la faute des propriétaires affréteurs ou chargeurs, ni des pilotage, touage et lamanage, ni des autres espèces de droits imposés sur le navire ou sur les marchandises (C com. 352 et 354.) qui ne peuvent être considérés comme avaries, mais seulement comme de simples frais à la charge du navire. C. com. 406.

59. Cependant il s'est élevé à Marseille la question de savoir si le paiement d'une somme considérable, (16,968 francs,) exigée par le sultan pour livrer l'entrée de la mer Noire à un navire chargé pour Odessa, était aux risques des assureurs des marchandises, la somme ayant été proportionnée à la valeur de la cargaison. Un jugement arbitral du 4 mars 1830 décida que la somme exigée par le gouvernement ottoman pour la delivrance du firman d'entrée dans la mer Noire ayant toujours été considérée dans le commerce comme simple droit de navigation, la variation ou l'abus dans sa perception ne pouvait en changer la nature. Nous serions disposés quant à nous, à soutenir l'avis d'un des mem-

sement, les assureurs en répondraient malgré cette clause. Aix, 14 mars 1823. C. comm., art. 355.

bres du tribunal arbitral, (M. Sermet.) que cette somme énorme était une fortune de mer qui devait être pour le compte des assureurs dès lors qu'elle excédait l'importance des droits *mêmes extraordinaires* de navigation et prenait le caractère d'une véritable piraterie.

60. Quels que soient du reste les termes de la police, la *baratterie de Patron,* c'est-à-dire les fautes et fraudes du capitaine et de l'équipage, n'est jamais à la charge des assureurs à moins que cela n'ait été stipulé spécialement, et par une clause formellement exprimée ; de plus, quelque générale que soit cette expression, elle ne comprend que les fautes et les délits commis par le capitaine ou l'équipage au préjudice de l'assuré et dans la conduite du navire, mais elle ne comprend ni l'omission des formalités prescrites pour constater l'abandon, (Bordeaux, 7 janv. 1820.) ni des fautes commises par le capitaine, ou tout autre, le subrécargue, par exemple. (V. Dage. t. 3, p. 182., Par suite l'assureur *sur corps* qui a garanti cette baratterie ne répond pas du dommage que le capitaine a pu occasioner aux facultés. (Tribunal de Marseille 11 jan-

vier 1837.) De même quoique le navire ait été visité avant son départ, si le dommage provenait du mauvais état de ce navire, la stipulation de garantie de baratterie ne lierait pas les assureurs. Cass. 18 mai 1824.

61. Elle ne les obligerait pas davantage s'il était établi que les avaries proviennent d'un fait imputable à l'assuré. Poitiers, 24 juin 1821.

62. La Cour de Bordeaux a été plus loin, elle a jugé le 10 août 1822, contrairement à un arrêt de la Cour de Rouen du 14 décembre 1820, que l'assureur chargé de la baratterie de patron, pouvait se dispenser de payer le sinistre, en prouvant qu'il y avait mauvais arrimage de la part du capitaine. Cet arrêt nous semble contredire tous les principes de la matière.

63. Nous approuvons entièrement, au contraire, un autre arrêt rendu par la même Cour le 23 novembre 1830, sanctionné par la Cour suprême le 18 mai 1832, par lequel elle a décidé que la vente du navire pour moins que les 3[4 de la valeur faite par le capitaine hors le cas d'innavigabilité constatée, sans le pouvoir spécial du propriétaire, est une prévarica-

tion qui retombe à la charge des assureurs qui ont assuré la baratterie de patron, et que dans le cas où il n'y a pas eu d'assurances de baratterie, il ne suffit pas à l'assureur de prouver que le sinistre est arrivé par le fait d'une personne qui était à bord, pour être exempt de cette charge; mais qu'il fallait qu'il établît que cette personne faisait partie de l'équipage, *parce qu'il répondait des passagers.*

64. Dans le même sens il a été aussi décidé que lorsque le capitaine a contracté un emprunt à la grosse pour solder les réparations qu'il a fait faire au navire, soit en cours du voyage, soit au lieu de la destination, l'assureur chargé de la baratterie de patron est tenu de rembourser à l'assuré le profit maritime qui a été payé, quand même le capitaine aurait eu des fonds libres à l'époque où l'assurance avait été faite. Bordeaux, 30 mars 1830.

65. La bonne foi devant être l'âme du contrat d'assurance, l'assuré ne peut jamais être recevable à exciper de sa propre fraude: donc si, en cas de jet pour le salut commun, la qualité des marchandises assurées est supérieure à celle

indiquée au connaissement, les assureurs ne seront tenus que d'après la valeur donnée à ces marchandises par le réglement d'avaries, et si, au contraire, ces marchandises ayant été sauvées contribuent sur le pied de leur estimation, les assureurs ne seront tenus de restituer à l'assuré que ce qu'il aurait payé si la valeur réelle, au lieu d'être supérieure à celle portée au délaissement, eût été la même que celle-ci. Delv. t. 2, p. 270. V. ci-ap. chap. 3, § 2.

66. Les dommages qui arrivent au navire par le *feu* sont à la charge des assureurs (C. com. art. 250); mais est-il nécessaire que la cause du feu soit connue? La Cour d'Aix s'est prononcée pour l'affirmative par deux arrêts des 10 décembre 1820 et 4 avril 1825; la Cour de cassation, à qui le dernier de ces arrêts fut déféré, a refusé d'admettre le pourvoi, mais par des raisons de *fait* plutôt que de droit: on ne peut donc pas encore dire qu'il y ait une jurisprudence formelle sur ce point; d'un autre côté il est de règle générale que l'assuré n'est tenu que de prouver l'évènement qui a produit le sinistre, et qu'on ne peut exiger qu'il prouve la cause de l'évènement. (Réglement d'An-

vers, art. 1 (1), guidon, chap. 3, art. 2, chap. 7, art. 3.) Jusqu'à preuve contraire, la présomption légale protège le capitaine et son équipage, (guidon chap. 8, art. 7. Valin sur l'art. 9, titre du capitaine; Emérigon, t. 1. page 372. Baldasseroni n° 6, titre 3.); et MM. Pardessus, Locré, Conflans et Tripier ont délibéré en 1821 une consultation où ils ont soutenu que la cause du feu n'a pas plus que celle de tout autre sinistre besoin d'être établie, et que la présomption est toujours pour l'assuré. Cependant Emérigon, t. 1, p. 433; Merlin, Répertoire, V°. *polices d'assurances*; Boucher, Instit. *du droit maritime*, ont adopté l'opinion contraire.

67. Il nous semble à nous que les assureurs sont en droit de demander non pas des preuves, mais des renseignemens propres à éclairer la religion du tribunal sur les circonstances qui ont produit l'incendie (C. civ. 1733.), excepté toutefois lorsqu'il a eu lieu sans qu'on ait pu porter secours au navire et sauver les per-

---

(1) Le réglement d'Anvers fut publié en 1593 par Philippe II, roi d'Espagne, pour les assurances de la Bourse d'Anvers. Le réglement d'Amsterdam ne fut fait qu'en 1598.

sonnes qui s'y trouvaient, l'absence de ces renseignements sur un évènement d'une telle gravité, étant selon nous une imposante et grave présomption de fraude ou de négligence contre le capitaine et l'équipage.

68. Au contraire, dans le cas où le feu a été mis par ordre supérieur, par exemple en temps de peste, ou bien par le capitaine pour éviter que le navire ne soit pris, la présomption est en faveur de l'assuré. M. Delvincourt est aussi de notre avis, et M. Dageville va plus loin, car il prétend que l'assureur ne doit pas être admis à faire la preuve du contraire. Nous ne concevons cette opinion que pour le cas où il y a assurance de baratterie.

69. Les mêmes raisons qui ont fait décider que l'assuré ne devait pas être contraint à prouver la nécessité où s'était trouvé le capitaine de brûler son navire pour le soustraire à l'ennemi ont dû faire mettre *la prise* à la charge des assureurs, qu'elle soit juste ou injuste, faite par des ennemis, des neutres ou des alliés. On a donc jugé que la prise que des sujets d'une province en révolte contre la métropole font d'un chargement assuré comme appartenant à un sujet de cette

métropole est un fait de guerre et non de piraterie, les pirates étant, suivant Emérigon, « des voleurs et des assassins qui ne forment pas un corps d'état et qui exercent leurs brigandages sur toutes les nations indistinctement. » Trib. de Marseille, 29 janv. 1824; Dag., t. 3, p. 266.

70. L'avarie essuyée par un navire arrêté par *ordre de puissance*, sous prétexte de violation de blocus, est considérée comme fortune de mer aux frais des assureurs, s'il est prouvé que la violation du blocus n'a pas existé. Cass. 2 août 1827.

71. La confiscation, comme l'arrêt par ordre de puissance, est à la charge des assureurs lorsqu'elle est déclarée injuste et illégale par les tribunaux français, quand même elle aurait été jugée valable par une décision d'un tribunal étranger, qui ne prouve rien contre l'assuré et contre laquelle il peut toujours se pourvoir. M. Pardessus, n° 866, Valin, Emérigon et la plupart des auteurs qui ont écrit depuis, ont enseigné de plus que si la confiscation était motivée sur une contrebande réelle mais non prohibée par la loi française,

les assureurs devraient indemniser l'assuré.

72. La somme payée par le capitaine d'un navire capturé en pays étranger aux membres de la commission chargée de juger le mérite des prises, et cela en vertu de délibération motivée et dans le but d'obtenir la restitution du navire et de la cargaison, est à la charge des assureurs de ce navire. C. civ. 1131 et 1133 ; cass. 2 août 1833, D. 27, 1, 429.

73. Si le contrat se tait sur le point de savoir si l'assurance est faite pour l'aller et le retour, ou seulement pour l'un des deux, elle ne doit être présumée faite que pour l'aller, l'assureur, qui alors est débiteur, devant être favorisé dans le doute. C. comm. 328, 341. Delv. t. 2, p. 348.

74. Si, au contraire, l'assurance est faite par le même acte pour l'aller et le retour, cette assurance constituant un voyage unique, les risques courent depuis le départ jusqu'au retour du navire dans le lieu d'où il est parti. Mais il n'en serait pas ainsi s'il y avait eu deux polices d'assurance, l'une pour l'aller, l'autre pour le retour, à moins qu'il n'eut été stipulé que les risques du voyage d'aller ne finiraient

que lorsque celui de retour commence-rait ou *vice versâ*.

75. Et si, par la police d'assurance, le temps du risque a été prolongé pendant un certain nombre de jours après l'arrivée du navire au lieu de sa destination, ce temps du risque est suspendu pendant le voyage intermédiaire entrepris pour faire des réparations. Bordeaux, 6 déc. 1830, D. 31, 2, 61.

76. Les armateurs en course font souvent leurs assurances pour le temps ou terme de *tant* de jours de course effective; dans ce cas on ne compte pas les jours de relâche, et cependant si le navire périssait par fortune de mer dans un lieu de relâche, les assureurs répondraient de cette perte, l'assureur étant censé s'être chargé d'assurer tous les accidens qui arriveraient au corsaire pendant le temps qu'il mettrait à faire *tant* de jours de course. Emérigon, chap. 13, sect. 1re, § 3 ; Delvincourt, t. 2, p. 391.

77. En matière d'assurance, on distingue les marchandises *d'entrée et celles de sortie*; ainsi, par exemple, des assurances sont faites sur des marchandises

d'entrée dans les îles d'Amérique; le navire, ayant la faculté de faire échelle, touche à Cayenne; le capitaine y vend des marchandises et en achète d'autres qu'il fait assurer de *sortie*. Il remet à la voile pour la Martinique afin d'y vendre le reste de sa cargaison de départ. Il fait naufrage. Qui doit répondre du sinistre? Les assureurs d'*entrée* sont responsables des marchandises expédiées de France, et ceux de sortie de celles chargées à Cayenne. C'est ce qui a été décidé par un arrêt du 10 juin 1727, rapporté par Emérigon; mais on sent que le navire formant une individualité indivisible, on ne peut établir de semblable distinction à son égard. Parlement d'Aix, arrêt du 28 mai 1727. Brill. *Dict.*

78. Lorsque deux assurances ont été prises sur corps du même navire, l'une d'*entrée* et l'autre de *sortie*, l'innavigabilité survenue après le déchargement et avant que le navire ait remis à la voile, c'est-à-dire pendant le temps nécessaire pour le disposer à recevoir le chargement de retour, est à la charge des assureurs de sortie, lorsque d'ailleurs il est constant qu'elle provient de fortunes de mer, telles que le long séjour dans une

rade, l'exposition aux vents, aux orages, aux ardeurs du soleil, en attendant le second chargement. Aix, 3 août 1830, D. t. 3, p. 449.

79. La vente volontaire, en cours de voyage, d'un navire grevé d'un prêt à la grosse, ne fait pas cesser les risques à la charge de ceux qui ont assuré le prêt. L'objet de l'assurance étant la conservation du gage sur lequel repose le droit du prêteur, la vente du navire en voyage ne peut tout-à-la-fois conserver ce droit du prêteur et faire cesser l'assurance sur le navire affecté à ce droit. D'ailleurs, la vente des objets en risque est un acte étranger aux assureurs qui ne peut leur nuire ni leur profiter. Trib. de Marseille, 22 janv. 1830; journ. de Marseille, 12e année, p. 128 et suiv.

§ 4. *De la prime.*

80. On ne peut concevoir un contrat d'assurance sans prime, c'est-à-dire sans que l'assuré paie ou s'oblige de payer une somme comme équivalent du risque dont se charge l'assureur; car on ne pourrait voir qu'une donation conditionnelle dans l'obligation à laquelle se soumettrait gratuitement une personne

d'en indemniser une autre des pertes qui pourraient lui arriver par fortune de mer. Pardessus, t. 3, p. 786; Delvincourt, t. 2, p. 401.

81. Par suite, il est de principe que la prime est due par l'assuré dès qu'il y a eu risque, ne fût-ce que pour un instant. Cependant, par une exception en faveur du commerce, lorsqu'il y a prime liée, c'est-à-dire lorsque l'assurance est faite pour l'aller et le retour, si le vaisseau étant parvenu à sa première destination il ne se fait point de chargement en retour, l'assureur reçoit seulement les deux tiers de la prime convenue; et dans le cas où le chargement en retour n'est pas complet, la réduction du tiers doit être faite dans une proportion égale à la différence du deuxième chargement. C. comm., 356.

82. La prime ne doit être, en général, que le juste prix du risque dont l'assureur se charge ; mais l'incertitude des événements et la variété des circonstances ne permettent pas d'invoquer pour la déterminer les règles du contrat purement commutatif, on répute donc *juste* la prime dont les parties sont convenues entre elles, à moins qu'il n'y ait

eu fraude ; tellement que si l'augmentation de prime en temps de paix, pour le temps de guerre qui pourrait survenir, n'avait pas été stipulée, les tribunaux n'auraient pas le droit d'accorder une augmentation de prime, de même qu'ils ne pourraient, si la quotité de l'augmentation ou de la diminution avait été fixée par les parties, modifier en rien cette convention. C. comm., 343.

83. Mais lorsqu'une augmentation a été stipulée sans que la quotité en ait été déterminée, elle est réglée par les tribunaux, en ayant égard aux risques, aux circonstances et aux stipulations de chaque place d'assurance. C. com. 343; Favard, V° *Assurances*, § 3 ; arrêt de la cour de Rennes du 28 mars 1821.

84. De nombreuses difficultés se sont élevées sur les bases d'une pareille appréciation. On a long-temps débattu la question de savoir si l'augmentation de prime devait être réglée uniquement en raison du voyage assuré, ou s'il fallait prendre en considération le *voyage avancé*, et par suite l'absence de risque au moment de la survenance de la guerre; les tribunaux et les arbitres paraissent, en général, s'être prononcés pour cette

6

dernière appréciation, qui nous semble entièrement conforme aux principes de notre droit civil auxquels il faut toujours revenir lorsqu'il n'y a pas de graves considérations pour créer une exception.

85. Ensuite quand il a été convenu qu'il y aurait augmentation de prime en cas de guerre, il n'est pas nécessaire pour l'exercice de ce droit qu'il y ait eu *déclaration de guerre*, il suffit qu'il y ait eu hostilités. V. Arrêts du parlement de Paris du 9 août 1756, du parlement d'Aix du 2 mai 1789; arrêt du conseil du mois de février 1780; Pothier, chap. 3, sect. 2; Valin, sur l'art. 3 ; Emerigon, chap. 3, sect. 8; Boulay-Paty, t. 3, p. 451; Favard de Langlade, V° *Assurances*, § 3 ; Arrêt de la cour de Reunes du 28 mars 1821.

86. M. Boulay-Paty ajoute, qu'il doit en être ainsi, même quand la clause de la police contient l'expression *en cas de déclaration* de guerre, parce que l'on doit dans les conventions rechercher quelle a été la commune intention des parties plutôt que de s'arrêter au sens littéral des termes. C. civ., 1156.

87. La lutte à main armée entre un gouvernement *de fait, étant réellement*

une guerre maritime, donne lieu à augmentation de prime. (Bernard, p. 121.) Toutefois on ne devrait pas considérer comme constituant un état de guerre une insulte faite au pavillon et désavouée.

88. Mais cet état a son effet en tous lieux et au même instant, quelle que soit la situation du lieu où la première hostilité a commencé. Le premier coup de canon de l'ennemi, a-t-on dit, retentit en même temps sur toute l'étendue des mers. Cette règle a des inconvéniens sans doute; mais on a pensé qu'ils étaient moindres encore que la multiplicité des procès qu'entraînerait l'admission du principe contraire.

89. Si l'augmentation consiste en une somme fixe elle est la même, soit que le navire ait fait la totalité, ou seulement une partie du voyage depuis l'événement prévu. Mais si l'augmentation est proportionnelle, *à raison de tant par jour, par mois,* elle ne compte que depuis les premières hostilités.

90. Autrefois la prime se payait toujours à l'instant de la signature de la police; on l'appelait alors *primeur, premie,* aussi bien que *cours* ou *agio* d'assurances; aujourd'hui les parties peuvent fixer comme elles l'entendent l'épo-

que de ce paiement. Il est d'usage sur la plupart des places de la payer en un billet séparé, qu'on nomme *billet de prime* pour lequel l'assureur conserve son privilége, pourvu toutefois que la police porte *quittance en un billet* ; car il y aurait novation et le privilége serait perdu si cette police contenait quittance pure et simple.

91. Dans la pratique, de nombreuses difficultés ont été soulevées sur les conséquences du non paiement de la prime; selon nous il faut distinguer.

92. Si elle a été stipulée payable comptant et que l'assuré ne la paie pas, ou bien si elle a été stipulée à *terme* et que le terme arrive avant qu'il y ait eu sinistre, l'assureur peut demander la résiliation du contrat, car une loi formelle et générale des contrats synallagmatiques veut que toutes les fois qu'une partie n'exécute pas son obligation, la résolution du contrat puisse être demandée; mais elle ne peut l'être que pendant la durée des risques, car une fois les risques expirés, si le voyage est heureux, l'assuré doit la prime, et l'assureur n'a pas d'intérêt à faire résilier le contrat, quelque peu de bénéfice qu'il puisse en retirer, et si le

voyage, au contraire, a été mauvais il se fera un concours de créances qui se compenseront jusqu'à due concurrence, c'est-à-dire que l'assureur n'aura que le droit de diminuer le montant de la prime du montant des sinistres qu'il aura à paye à l'assuré, car le défaut de paiement de la prime alors bien qu'elle était payable comptant ne suffit pas pour retarder le commencement des risques, le contrat d'assurances étant consensuel. Mais si l'assuré avait été mis en demeure judiciairement avant le sinistre. nul doute qu'il ne puisse, continuant son action, faire prononcer la résolution du contrat, même après l'arrivée de ce sinistre; cela résulte par analogie de l'art. 346 du C. de com., et d'un arrêt de la Cour d'Aix du 28 juin 1823. C'était l'avis de Stypm. part. 4. chap. 7 n° 336, et Boulay-Paty l'a accepté. Voir aussi Pardes. n° 825.

93. Mais si la prime avait été stipulée à *tant par mois* avec la condition que les risques cesseraient, le mois n'étant pas payé d'avance, il y aurait résiliation de plein droit. Casa-regis, n° 179. Boul. t. 1, p. 345.

94. Il devrait en être de même si la police, muette d'ailleurs, ayant été passée

dans une place de commerce où il aurait été d'usage que le défaut de paiement fît cesser le risque. Marguadus. lib. 2, chap 13, n. 16. Boulay-Paty, t. 3, p. 345.

Comme nous le verrons plus loin, les assurances se font souvent par l'intermédiaire de commissionnaires ; c'est un principe généralement reconnu que l'assuré commissionnaire stipulant pour des personnes dénommées, ou pour compte de qui il appartiendra, est personnellement obligé. Bordeaux, 7 juin 1836. *Annales*, t. 2, p. 213.

95. Nous avons dit plus haut que l'assureur conservait son privilége en faisant mentionner dans la police son paiement en un billet ; ce privilége est établi par l'art. 191 C. com , §. 10, lequel dispose que les assureurs ont un privilége pour le montant des primes d'assurances dues pour le dernier voyage sur les corps, quille, agrès, apparaux, et sur l'armement et l'équipement du navire.

96. L'art. 191 n'ayant pas d'autre but que d'établir et de classer les priviléges sur les navires et sur leurs agrès, il n'y est pas question de marchandises ; mais on sent qu'il y a même raison d'accorder un privilége pour le paiement de la prime

d'assurance due par elles, puisque cette assurance est faite pour la conservation de la chose, et qu'ainsi le privilége sort de la nature même du contrat: c'est ce qui a été décidé par un arrêt de la Cour de Bordeaux du 5 décembre 1807 antérieur de quelque jours seulement à la promulgation du C. de com. M. Boulay-Paty est aussi de cet avis.

97. Une conséquence de ce que nous venons de dire, c'est que, dans le cas de faillite de la part de l'assuré, les assureurs doivent être admis à compenser le paiement de la prime et celui de la perte, sans qu'il soit nécessaire de considérer ni l'époque de la faillite, ni celle du sinistre, ni celle de l'échéance de la prime. V. ci-ap. chap. 6., sect. 3.

98. Il en serait de même, selon nous, si c'était l'assureur qui eût failli ; ses créanciers ne pourraient contraindre les assurés à payer leurs primes s'il y avait des sinistres qui les absorbassent, quel que fût le moment du sinistre. MM. Pardessus et Boulay-Paty ont aussi adopté cette opinion, à l'appui de laquelle nous pouvons citer encore Emérigon, t. 1, p. 85; selon lui l'exception que l'assuré pourrait alors opposer aux prétentions des créan-

ciers des assureurs dérive de l'action même qu'ils intenteraient. — V. encore Stypm. part. 4, chap 7, nº 475, p. 471, et la loi 156. § 1. tit. *de Reg. juris.*

§ 5. *De ce que doit contenir la police d'assurance.*

99. Le plus sûr moyen de favoriser les opérations commerciales après avoir pourvu à leur sécurité, c'est de leur laisser la liberté la plus entière; aussi les rédacteurs de notre code, tout en indiquant les énonciations principales que doivent contenir les polices d'assurances, n'ont-ils imposé d'autres limites à la liberté qu'ont les parties d'insérer dans le contrat les clauses dont elles jugent à propos de convenir que la nécessité de rejeter les dispositions qui altéreraient la nature même du contrat ou porteraient atteinte à l'ordre public; c'est pourquoi parmi les différentes énonciations que contient l'art. 332 du C. de com. qui nous régit ici, on doit établir une distinction entre celles qui tiennent à l'essence même du contrat et celles qui peuvent, en dernier résultat, ou être omises ou être suppléées par des équivalents.

100. Ainsi la police doit contenir toutes les conditions dont les parties sont convenues et notamment le nom et le domicile de celui qui fait assurer, la qualité de propriétaire ou de commissionnaire, le nom et la désignation du navire, le nom du capitaine, le lieu où les marchandises ont été ou doivent être chargées; le port d'où le navire a dû ou doit partir; les ports et rades dans lesquels il doit charger ou décharger ; ceux dans lesquels il doit entrer; la nature et la valeur ou l'estimation des marchandises ou objets que l'on fait assurer; les temps auxquels les risques doivent commencer et finir; la somme assurée; la prime ou le coût de l'assurance; la soumission des parties à des arbitres en cas de contestation si elle a été convenue. C. com. 332.

101. Nous ajouterons, et ce n'est ici que la conséquence de ce que nous avons établi plus haut, que la police peut contenir plusieurs assurances, soit à raison des marchandises, soit à raison du taux de la prime, soit même à raison des différents assureurs. (C. com. 333.) Mais de ce que la loi a laissé les tribunaux juges souverains, pour ainsi dire, de l'ap-

préciation des omissions qui pourraient se trouver dans les polices d'assurance, il s'ensuit que de nombreuses contestations se sont élevées sur le point de savoir quelles étaient *les clauses essentielles* de la police, celles dont l'absence devait entraîner la nullité du contrat.

102. Nous laisserons à d'autres le soin de vider cette querelle, en nous contentant de donner ici les solutions généralement admises, et d'analyser les arrêts qui sont intervenus sur cette partie de notre droit maritime : nous rappellerons seulement un principe de notre code civil auquel il faut toujours revenir en l'absence d'une disposition formelle quand il s'agit d'interpréter un contrat ; c'est que, en cas de doute sur le sens d'une clause, l'interprétation doit toujours être faite contre celui qui a stipulé et en faveur de celui qui a traité. C. civ. 1162; Aix 23 avril 1825.

103. C'est par application de ce principe que le tribunal de Marseille a jugé, le 11 avril 1831, que l'expression de *drogueries*, employée dans une police, comprenait même les indigos qui, quoique servant à la teinture, n'en font pas moins partie du commerce de drogue-

ries, et que la cour d'Aix a décidé le 18 février 1828 que, quand les termes de la police d'assurance d'un prêt à la grosse sont clairs, l'assureur ne peut argumenter de l'insuffisance d'indication du risque dans le contrat de prêt, pour s'exempter des sinistres, qui, s'ils ne sont pas formellement énoncés dans le contrat antérieur, sont du moins prévus et mis à sa charge par le contrat d'assurance qui fait la loi des parties contractantes. C. civ., art. 1134 et suiv., 1156 et suiv.

104. L'art. 332 indique, parmi toutes les choses à exprimer dans le contrat d'assurance, le nom et le domicile de celui qui fait assurer et sa qualité de commissionnaire ou de propriétaire; le commissionnaire peut donc ne pas nommer d'abord son commettant. Bien souvent dans la pratique on fait assurer, pour compte de qui il appartiendra (1), et alors

---

(1) Quelquefois au lieu de ces termes *pour compte de qui il appartiendra*, on se sert de la stipulation *pour compte de l'assuré et de ses co-intéressés*. Cette forme est loin d'être aussi avantageuse; car il faut plus tard que cet assuré justifie de ses co-intéressés, et les marchandises qui arrivent à sa simple consignation ne sont pas couvertes par cette assurance, trib. de Com. de Mar.

le droit de réclamer l'effet de l'assurance appartient à tout légitime porteur d'un connaissement dont les désignations se rapportent aux termes de la police; mais, dans ce cas, le commissionnaire est toujours considéré à l'égard des assureurs comme le véritable assuré personnellement, et à ce titre tenu du paiement de la prime, à moins toutefois qu'il ait déclaré dans la police qu'il n'entendait engager que son commettant, et qu'il fasse ensuite connaître ce dernier. Dalloz t. 29, 2, 221 ; Rennes, 17 janv. 1810; Aix, 17 juillet 1829; Emérigon, p. 303; Locré t. 4. p. 5 ; Estrang. p. 364; Dag. p. 351.

105. La Cour de Bordeaux a même décidé le 7 juin 1836 que les courtiers d'assurances sont responsables vis-à-vis des assureurs lorsqu'ils ont, même de bonne foi, fait souscrire des contrats d'assurances au nom d'individus qui n'ont pas donné l'ordre de faire assurer, soit pour eux, soit pour compte d'autres particuliers (C. civ. 1382); que cependant ils ne seraient tenus d'aucun dommage si, ayant communiqué aux assureurs le pré-

seille, 4 décembre 1830; journ. de Mars 2ᵉ année, pag. 5 et suivantes. V. Emérigon, t. 1ᵉʳ, p. 323.

tendu ordre, ces derniers avaient malgré son état d'imperfection consenti à assurer (C. civ. 1134 ; *Annales*, t. 2, p. 204 et 213). MM. Locré, t. 3 p. 54 et Boulay, t. 3, p. 310, prétendent même que dans ce cas l'assureur a l'action directe contre le commettant et le commissionnaire. Nous ne pouvons admettre une semblable décision, qui légitimerait, observe M. Bernard, cette abusive conséquence qu'un commissionnaire infidèle, chargé d'acheter une cargaison, et qui en achèterait vingt, rendrait le commettant débiteur de toutes. Emérigon, chap. 5, sect. 4 ; Pardessus, t. 2, p. 625 ; Vincens, t. 2. p. 340 ; Dag. t. 3, p. 43.

106. Le tribunal de Paris a jugé le 19 août 1820 que le commissionnaire qui avait fait assurer pour le compte d'un tiers avait qualité pour exiger des assureurs le montant de la perte. Ce jugement, qui a été critiqué, nous semble cependant très-conforme aux principes, toutes les actions qui compètent au propriétaire pour le compte duquel il a fait assurer appartenant au commissionnaire. (Emérigon et Dalloz, *loco cit.*) V. aussi en ce sens un jugement du tribunal de commerce de Marseille, du 28 août

1328, rapporté au journal de Marseille, 10ᵉ année, p. 52. Mais il faut ajouter que par la même raison on pourra lui opposer toutes les exceptions qu'on aurait pu opposer au propriétaire. Aix, 7 janv. 1823, D, 2, 83; D. 23, 2, 144. (1)

107. Après les noms, domicile et qualité de l'assuré, la première chose à indiquer dans une police est, comme nous l'avons dit, le nom et la désignation du navire; mais ici il faut encore distinguer. Le navire peut être considéré comme *objet* de risque et comme *lieu de risques : objet* quand c'est lui qui est assuré, *lieu* quand ce sont les marchandises qu'il contient ; et pour le dernier cas, le nom et la désignation du navire sont de l'essence du contrat.

108. La différence de nom détruit l'assurance ; mais tous les anciens auteurs reconnaissent qu'on ne doit pas poin-

---

(1) De nombreuses difficultés se sont élevées à l'occasion du mandat donné au commissionnaire pour faire une assurance. Comme ces difficultés doivent être résolues d'après les principes généraux du Code civil, nous n'avons pas à nous en occuper ici. *V* .C. civ, 1991 et 1992.

tiller sur le nom d'un navire, si l'erreur qui s'est glissée n'empêche pas d'en reconnaître l'identité. Valin, Pothier, Emérigon sont de cet avis; ce dernier rapporte, et tous les auteurs approuvent, un arrêt du 10 mai 1730 qui rejette la prétention d'un assureur, lequel demandait la nullité d'une assurance, parce que le navire avait été désigné sous un nom qui n'était *plus* le sien, ce qu'ignorait l'assuré. Emérigon rapporte encore un autre arrêt du 2 mai 1731, qui juge que des assureurs à qui on a fait contracter successivement plusieurs assurances sur le même navire, en l'indiquant chaque fois d'une manière un peu différente, ne sont pas recevables à demander le ristourne des dernières ; néanmoins MM. Boulay-Paty et Bernard enseignent que c'est à celui qui se fait assurer à désigner clairement l'objet de l'assurance et que toute erreur doit être à sa charge. Cela nous semble juste en principe; mais, nous le répéterons, quand l'erreur ne provient ni de la mauvaise foi ni de la fraude, on ne doit point se montrer trop pointilleux sur ce point.

109. Du reste, il n'est pas défendu de changer le nom d'un navire. La

loi *de mutatione nominis* ne prohibait le changement de nom qu'autant qu'il était fait par fraude. Le statut de Marseille contenait une disposition semblable; et notre code de commerce étant silencieux à cet égard, il en résulte que puisqu'on ne défend pas ce changement, on peut l'effectuer, pourvu que ce soit sans intention de nuire aux assureurs, et avec l'observation des formalités voulues par les réglements.

110. Il ne suffit pas d'indiquer le nom du navire, il faut encore en faire la désignation, dire si c'est un brick, une félouque, etc., parce que cette désignation met l'assureur en état d'évaluer les risques dont il se charge. Cependant, selon Émérigon et Boulay-Paty, si la police parlait d'un *navire* et que ce fût un *brick*, les assureurs n'en seraient pas moins liés si ce *brick* était aussi fort et aussi gros qu'un navire ordinaire, parceque la forme intrinsèque de la mâture, n'altère ni la nature ni la bonté du navire.

111. Ils ne pourraient davantage se plaindre s'ils avaient connu le bâtiment inexactement désigné, ni à plus forte

raison s'il était d'une qualité supérieure à celle indiquée.

112. Nous avons vu que dans le cas où le navire est *lieu* et non plus *objet* du risque, l'énonciation du navire et de sa qualité n'est pas de l'essence du contrat. Si donc l'assureur sur marchandises consent à signer la police sans qu'il y soit fait désignation du bâtiment, il ne peut ultérieurement se prévaloir de cette omission.

113. Il est important aussi de désigner le pavillon du navire, car la connaissance du pavillon peut influer sur l'idée qu'on se fait des risques de la navigation (com. art. 348), s'il marche seul ou sans escorte, s'il est armé ou non armé, et généralement tout ce qui peut augmenter ou modifier l'opinion du risque. Décision du cons. des prises, du 3. prairial an 8.

114. Suivant M. Dageville, t. 3, p. 39, si le navire n'avait encore obtenu qu'une francisation provisoire il faudrait le déclarer, parce qu'autrement les assureurs seraient affranchis des avaries qu'il viendrait à éprouver et dont un navire français aurait été à l'abri. Journal de Marseille, t. 3, p. 174.

115. Dans tous les cas rien n'empêche

que l'assuré, tout en désignant dans la police le navire sur lequel sont ou doivent être chargées les marchandises assurées, ne se réserve le droit de charger, dans le cours du voyage, les effets assurés sur un navire autre que celui désigné dans la police, sans indiquer le navire qui sera substitué à ce dernier. Emérigon, chap. 6, sect. 2.

116. A l'égard des chargements faits aux Echelles du Levant, aux côtes d'Afrique et autres parties du monde pour l'Europe, ils peuvent être assurés, dans tous les cas, sans aucune désignation du navire, ni du capitaine; il n'est même pas nécessaire de désigner la nature des marchandises : la police doit seulement indiquer celui à qui l'expédition est faite ou doit être consignée, et encore on pourrait convenir par une clause spéciale et formelle que l'assureur dispense l'assuré de cette indication. C. com. 337.

117. Dans l'hypothèse d'une telle convention il suffit que l'assuré prouve que les marchandises étaient pour son compte quoique chargées à l'adresse d'autrui; mais le tribunal de Marseille a décidé le 3 décembre 1823 que lorsque l'assurance *in quo vis, sur le navire que vous voudrez,*

a eu lieu, en désignant un temps fixe pendant lequel se fera le chargement, ce qui a été chargé avant ou après ne peut être compris dans l'assurance.

118. Il peut y avoir moins de risques avec tel capitaine qu'avec tel autre; aussi le nom du capitaine doit-il être inséré dans la police ; toutefois, selon Emérigon, ch. 7, cette énonciation n'est pas de l'essence du contrat, et si le capitaine était changé en cours de voyage par nécessité l'assurance n'en subsisterait pas moins. On prévient les difficultés qui pourraient survenir à la suite de pareils changements, soit avant, soit après le départ du navire, en insérant la clause *ou autre pour lui*, ce qui donne le droit de le changer même sans nécessité.

119. L'art. 332, §§ 10, 11, 12 et 13 , veut qu'on indique dans la police le lieu où les marchandises ont été ou doivent être chargées, le port d'où le navire a dû ou doit partir, les ports ou rades dans lesquels il doit charger ou décharger, et ceux dans lesquels il doit entrer.

120. Néanmoins il n'est pas absolument nécessaire d'indiquer le lieu du chargement, quand il a été effectué avant que

le navire ait atteint le lieu convenu pour le commencement du *voyage assuré*. Émérigon, chap. 13, sect. 7.

121. M. Pardessus pose en règle générale sur cette indication, qu'il suffit qu'on puisse suppléer à ce qui a été omis et que l'omission n'ait pas trompé l'assureur sur la nature des risques.

122. Mais l'assurance serait nulle si le chargement avait été opéré dans un lieu autre que celui indiqué. Par exemple on ne pourrait pas plus appliquer à du coton chargé en un lieu une assurance sur du coton chargé en un autre lieu, qu'on ne pourrait appliquer à des balles de coton marquées de certaines initiales une assurance faite sur des balles indiquées comme devant être empreintes d'autres lettres. Jugement du trib. de Marseille, Estrangin, p. 370; Dageville, t. 3, p. 69.

123. La désignation du lieu du départ est une des choses les plus essentielles à insérer dans la police; cependant nous croyons avec M. Pardessus qu'en cas d'omission de cette désignation on ne devrait, on ne pourrait pas annuler le contrat, s'il était possible, par les clauses de l'acte et les circonstances du fait, de

reconnaître l'intention des parties. Pardessus, t. 4, n. 809.

124. Comme nous l'avons vu, il est indispensable d'indiquer dans la police *les ports ou rades dans lesquels le navire doit charger et décharger, ceux dans lesquels il doit entrer*, à moins toutefois qu'on ait inséré la clause de faire échelle (1). Cette clause s'entend à la fois d'une échelle préméditée avant le départ et d'une échelle faite accidentellement ; elle ne donne la faculté de relâcher que dans les ports qui sont situés directement sur la route assurée, sans s'écarter de la voie usitée. ni rétrograder. (Rouen, 18 juin 1806.) Elle emporte l'autorisation de faire charger et décharger dans les diverses échelles et d'y séjourner, (trib. de Marseille, 4 juillet 1821) et même le voyage assuré n'est pas rompu si à une échelle le capitaine a tenté de faire un autre voyage, et ne s'est décidé à continuer celui commencé qu'après un sé-

---

(1) On appelle échelle les ports où le navire touche pendant son voyage, soit pour se ravitailler, soit pour décharger partie de ses marchandises ou pour en recevoir. On dit *faire échelle* sur la Méditerranée et *faire escale* sur l'Océan.

jour de quarante jours. Même trib. 10 floréal an 13.

125. Celle de *dérouter* et de naviguer de *droite* à *gauche* autorise à entrer dans un port qui n'est même pas sur la route usitée, pourvu qu'on ne cesse pas entièrement de tendre au but du voyage, et qu'on n'aille pas dans un lieu plus éloigné.

126. Celle de *rétrograder* permet de revenir dans un port où l'on était déjà entré, et qu'on avait dépassé.

127. On lit dans un jugement du tribunal de commerce de Marseille, du 24 juillet 1827, confirmé par un arrêt de la Cour d'Aix du 18 fév. 1828, que la stipulation de *faire échelle*, *dérouter* et *rétrograder* dans le sens grammatical et suivant tous les auteurs, donne incontestablement au capitaine le droit d'aller à droite et à gauche, en avant et en arrière, pourvu qu'il ne perde jamais de vue le but du voyage assuré.

128. Comme dans tous les contrats, il est indispensable dans celui d'assurance d'indiquer ce qui fait l'objet de la convention; aussi nous avons vu que l'art. 332 du C. de com. veut que la police com-

prenne : *la nature et la valeur, ou l'estimation des marchandises ou objets que l'on fait assurer.*

129. On peut toutefois se contenter de dire qu'on fait assurer telle somme sur telles facultés de tel navire ; mais si au lieu des objets désignés on en chargeait d'autres, lors même que ceux désignés auraient servi à la fabrication de ceux chargés, l'assurance serait nulle : exemple, au lieu de laine on avait chargé du drap: ex. *a contrario;* au lieu de farine on charge du blé; assurances nulles. (Dagev. t. 3, p. 74; Pard. n° 872) Il n'en serait pas de même si l'assurance ayant été désignée par du blé en sac, le blé se trouvait simplement entassé dans le navire; si la police ayant désigné des lingots, ils avaient été chargés en vaisselle, piastres, etc. (Pard. n° 872.) Quoiqu'il en soit, il n'est pas si essentiel d'indiquer la valeur, le port, la qualité du navire, que cette omission doive tellement être assimilée à une reticence, et entraîner la nullité de l'assurance, surtout lorsqu'il n'y a pas de fraude. Arr. de la Cour de Bordeaux du 28 août 1829.

Tout ce qui peut résulter du défaut d'estimation du navire dans la police c'est que l'assuré court les risques de l'estimation à laquelle l'assureur a le droit de faire procéder. (Arrêt de la Cour d'Aix du 23 avril 1833.) Il en serait de même pour les marchandises, l'art. 339 disposant que si leur valeur n'est pas fixée par le contrat, elle peut être déterminée par les factures et par les livraisons, et qu'à leur défaut l'estimation en est faite suivant le prix courant, au temps et au lieu du chargement, y compris tous les droits exigés et les frais faits jusqu'à bord ; excepté pourtant dans les cas prévus par l'art. 339. C. com. 355.

130. Ce même article 355 dispose que, faute de désignation dans la police, des marchandises sujettes par leur nature à détérioration, comme blé, sel, ou des marchandises susceptibles de coulage, tous les liquides par exemple, les assureurs ne répondent point des dommages ou pertes, à moins que l'assuré ait ignoré la nature du chargement lors de la police.

131. Il peut arriver cependant que l'assureur soit tenu du sinistre, même en l'absence d'une désignation de ces objets ; par exemple, quand l'assurance est faite sur faculté en ces termes : *en quoi que*

*le tout consiste, ou puisse consis-
ter,*— les parties sont sensées alors avoir dérogé au droit commun, et avoir mis ainsi aux risques des assureurs même les marchandises périssables. Jugement du tribunal de Marseille du 17 mars 1830.

132. Tout effet dont le prix est stipulé dans le contrat en monnaie étrangère est évalué au prix que la monnaie indiquée vaut en monnaie de France, suivant le cours à l'époque de la signature de la police; (C. com. 338.) et si l'assurance est faite sur le retour d'un pays ou le commerce ne se fait que par troc, et que l'estimation des marchandises ne soit pas faite par la police, elle doit être réglée sur le pied de la valeur de celles qui ont été données en échange, en y joignant les frais de transport. C. de com. 340.

133. Au reste il importe toujours aux assurés de ne pas indiquer une valeur exagérée, parce que s'il venait à être établi qu'il y a eu fraude de leur part, l'assurance serait nulle, et ils n'en paieraient pas moins la prime.

134. Il semble que l'indication dans la police de la valeur ou de l'estimation des marchandises ou effets assurés est suffi-

sante pour faire connaître le montant de la somme assurée ; cependant l'art. 332 prescrit en outre l'*indication spéciale de la somme assurée*, mais on sent que l'absence de cette indication ne frapperait pas le contrat de nullité; l'assureur serait tenu tout simplement de payer la valeur des choses assurées, d'après l'estimation qui aurait été faite dans la police, ce qui serait un inconvénient à peu près nul, puisque cette estimation même sert presque toujours à fixer le chiffre de la somme assurée. Dans la pratique néanmoins on indique généralement les sommes que l'assureur s'engage à garantir. C. com. 337 et 338.

135. Le risque étant une partie absolument essentielle du contrat d'assurances, la loi a fixé d'une manière précise *le temps auquel les risques doivent commencer et finir :* si donc la police ne vient pas déroger à ce que nous appellerons le droit commun, le temps des risques court comme nous l'avons vu déjà sect. 3 de ce chap. à l'égard du navire, des agrès, apparaux, armement, et victuailles, du jour où le navire a fait voile jusqu'au jour où il a été arrêté ou amarré au port *ou lieu* de sa destina-

tion, et, à l'égard des marchandises, du jour où elles ont été chargées dans le navire ou dans les gabarres pour les y porter jusqu'au jour où elles sont délivrées à terre. (C. com. 341 et 328.) Mais, comme on l'a vu aussi, les parties peuvent faire, à cet égard, toutes les modifications qu'elles jugent à propos.

136. Nous avons dit que sur presque toutes les places on se servait actuellement de polices imprimées, où toutes les clauses habituelles se trouvaient comprises; bien souvent alors la seule chose qui se débatte lors du contrat c'est *la prime* ou le coût du contrat d'assurances, qui constitue une condition incontestablement essentielle du contrat: aussi la police n'aurait-elle aucune valeur si elle ne contenait pas l'indication de cette prime. (V. § 4 de ce chap.) Si la prime avait été payée comptant, que la police le constatât, mais sans indication de quotité, l'assurance serait-elle valable? Nous répondrons affirmativement sans aucune difficulté; car ce n'est pas la quotité de la prime, mais l'existence même d'une prime qui est essentielle pour la validité du contrat.

137. Toutefois l'avènement de cette es-

pèce causerait inévitablement des embarras aux parties en cas de ristourne : il faudrait alors consulter les livres, les écritures des parties, le cours de l'époque, etc., et il est plus sage d'exprimer dans tous les cas cette quotité dans le contrat.

138. Quelquefois on stipule que la prime sera réductible à la moitié, ou dans une autre proportion en cas d'heureuse arrivée; d'où résultent des débats pour savoir s'il y a eu *heureuse arrivée*. Il est de doctrine que toutes les fois qu'il n'y a pas de *sinistres majeurs* il y a heureuse arrivée : le tribunal de commerce de Marseille a même jugé le 10 juin 1824, que dès que le navire est parvenu au *lieu du reste*, il n'y avait pas lieu à réduction de prime, quels que fussent les événemens de navigation à la charge des assureurs. V. aussi Dag. t. 3, p. 34.

139. Rien n'empêche les parties en rédigeant un contrat d'assurances de laisser la décision des différens qui peuvent s'élever entr'eux à la conciliation d'un tribunal arbitral; mais l'arbitrage n'est pas forcé en matière d'assurances, comme il l'est en matière de société, on est seulement libre de s'y soumettre, et le dernier §

de l'art. 334 rappelle aux parties qu'elles doivent exprimer dans la police, leur soumission de s'en rapporter à des arbitres, en cas de contestations, si elles en sont convenues. Presque toutes les formules de polices d'assurances contiennent une clause de ce genre, excepté cependant sur la place du Havre et sur quelques autres, où on a renoncé à faire juger ces sortes de contestations par des tribunaux arbitraux.

140. Il est d'usage dans plusieurs places de commerce de stipuler, lors d'une assurance sur corps, une déduction du tiers pour la différence du neuf au vieux, mais les tribunaux ne peuvent suppléer a l'omission de cette clause dans la police. (cass. 13 juillet 1829) C'est aussi l'opinion de la Cour d'Aix, qu'à adoptée M. Pardessus, n° 857. Dageville qui la combat, remarque qu'on ne trouve ni dans Valin, ni dans Pothier, ni dans Emérigon, aucune trace d'une pareille prétention élevée par les assureurs. Et le tribunal de Marseille a décidé, le 17 juin 1825, que cette réduction qui doit être calculée, à moins de conventions contraires, non sur le prix réel des réparations, mais sur le prix que les réparations au-

raient coûté si elles avaient été opérées au port de l'armement, se bornent dans tous les cas aux objets seuls, isolés, et qui étant entièrement perdus sont intégralement remplacés. *Sic* Aix, 28 juin 1831.

141. Une clause qu'on insère quelquefois dans la police d'assurance est celle qui stipule une réduction de prime, les risques finissant à tel ou tel port, *pour quelque motif que ce soit*. On avait prétendu que cette clause avait pour effet, **si** le navire était arrêté dans le port désigné, d'exempter les assureurs des risques de l'arrêt de prince. La jurisprudence a décidé le contraire; *voir notamment* un arrêt de la Cour d'Aix du 23 avril **1825**. Dalloz 25. 2, 205.

§ 6. *De la forme du contrat d'assurances.*

142. Le contrat d'assurances, comme du reste tous les autres contrats, se fit long-temps sans écrit, mais les inconvéniens qui résultèrent de cet usage le firent abolir, d'abord par les ordonnances des prud'hommes de Barcelonne de l'année 1484, (Consulat de la mer, chap. 337,) et ensuite par les réglemens de toutes les places de commerce. Mais en voulant remédier aux nombreux abus que faisait

naître cet état de choses on eut le tort de proscrire les contrats d'assurances sous signature privée, que les prohibitions de la loi ne purent atteindre tant elles étaient déjà dans les habitudes du commerce.

143. On lit dans le Guidon de la mer, ch. 1, art. 2. «Il n'est licite aux particuliers passer entr'eux les contrats d'assurances non plus que les autres contrats pour lesquels notaire et tabellion sont institués à peine de nullité.» et l'Edit du 16 décembre 1737, qui créa deux offices de greffier d'assurances en chacun des siéges de l'amirauté, leur donnait le privilége exclusif de recevoir toutes les polices d'assurances. comme nous l'avons dit , cet édit ne fut jamais exécuté en ce qu'il interdisait les actes sous seing-privé, et l'ordonnance de 1681 , rédigée dans un temps où les vrais principes du commerce commençaient à être connus, tout en maintenant , au titre des assurances, la nécessité d'un écrit, permit de le faire sans le concours d'un officier public, ce que déjà le règlement d'Amsterdam avait autorisé.

144. Telle est aussi la disposition du Code de commerce qui exige que l'acte

soit rédigé par écrit, mais autorise à le faire sous signature privée. La loi n'exige pas tel ou tel écrit, dit M. Pardessus, t. 3, p. 313, il paraîtrait donc naturel de considérer comme preuve suffisante celle qui résulterait des livres de celui qui nierait la convention. ou de la correspondance, ou à plus forte raison de son aveu ; le serment pourrait aussi lui être déféré par son adversaire ; en un mot la preuve testimoniale sans commencement de preuve par écrit est seule interdite. Favard, Répert., V° *Assurances.*

145. Cependant il a été jugé contrairement à cette opinion, par arrêt de la Cour d'Aix du 23 novembre 1813, que l'existence d'un contrat d'assurance ne pouvait être établi par la preuve testimoniale appuyée sur un commencement de preuves par écrit ; néanmoins la plupart des auteurs ont adopté la doctrine de MM. Pardessus et Favard de Langlade : MM. Locré, t. 4, p. 14 et Boulay-Paty, t. 3, p. 38, ont même ajouté que ce contrat pouvait être prouvé par témoins, lorsque son objet est d'une valeur inférieure à 150 fr.

146. Quand on ne veut pas rédiger la police soi-même, on peut en charger ou un courtier d'assurance ou un notaire

indistinctement. A l'étranger ces fonctions sont remplies par le chancelier du consulat, mais comme le concours de l'un de ces officiers ne dispense pas de la signature des parties, si l'une d'elles ne sait ou ne peut signer, ce contrat, comme tous les autres, ne peut être fait que devant notaire. V. la loi du 25 ventôse an XI.

147. Ordinairement ces actes sont délivrés en brevet, et on se borne à les inscrire tant sur les répertoires que dans un registre spécial tenu conformément à l'art. 60 du titre 6, livre 3 de l'ordonnance de 1681 ; bien souvent encore ils sont faits à ordre ou au porteur. Sur ce point notre Code de commerce, comme l'ordonnance de la marine, est complètement muet ; mais l'usage n'en est pas moins constant, et on ne voit aucune raison pour enlever cet avantage aux formes larges et faciles du commerce.

148. Mais lorsqu'ils sont faits sous seing-privé est-il indispensable de les rédiger en double original ? Il est d'usage de les rédiger en un seul, mais c'est à tort selon nous ; car s'il ne paraît pas toutefois qu'on dût déclarer l'acte nul par le seul

motif qu'il n'aurait pas été fait double, ou que chaque original ne contiendrait pas la mention de cette formalité, cette manière de procéder peut entraîner souvent de graves inconvénients. Pour soutenir, en droit, la nécessité d'un double original on argumente de l'art. 1352 du code civil, aux termes duquel les actes sous signature privée qui contiennent des conventions synallagmatiques ne sont valables que lorsqu'ils ont été faits en autant d'originaux qu'il y a de parties ayant un intérêt distinct et que chaque original contient la mention du nombre des originaux qui en ont été faits. On ajoute que l'usage ici n'est qu'un abus, et l'on rappelle à l'appui de cette opinion deux arrêts par lesquels la cour d'Aix a décidé la question en ce sens les 20 août et 23 novembre 1823.

On répond, que la loi ne s'est nullement expliquée d'une manière spéciale à cet égard, ce qu'elle n'eût pas manqué de faire si elle avait voulu interdire un usage généralement adopté; qu'au nombre des conditions qu'elle prescrit pour la validité du contrat d'assurance, celle-ci ne figure pas, quoiqu'il ait été proposé de l'insérer (Observations du trib. de comm. de Bordeaux, t. 2, 1ʳᵉ partie, p. 81, des trib. et cons. de comm. de Nantes, t. 2, 2ᵉ partie, p. 141), et que si le pourvoi dirigé contre l'un des arrêts de la Cour d'Aix, fut rejeté par la cour de cassation, ce ne fut que par le motif que la prime n'ayant pas été payée, le contrat avait un caractère synallagmatique, ce qui justifiait l'application de l'art. 1325 du Code civil; mais qu'il en aurait été autrement, si, comme cela arrive ordinairement, la prime avait été réglée par un billet, parce qu'alors chacun aurait eu son titre.

149. Quoi qu'il en soit, il est toujours plus prudent quand on fait la police sous signature privée de la faire en plusieurs exemplaires, ou du moins, il faut avoir le soin de se faire donner un reçu de la prime ou du billet de prime; car il pourrait arriver que l'assureur, en cas de sinistre, méconnût avoir reçu la prime ou le billet et demandât la nullité du contrat, qui serait prononcée conformément aux arrêts de la Cour d'Aix que nous avons cités plus haut.

150. L'ordonnance de la marine, art. 68, faisait défense à tous greffiers de faire signer une police d'assurance où

il y eut aucun blanc, à peine de tous dépens, dommages et intérêts. L'art 11 du réglement du 28 mai 1778 condamnait en outre à des amendes tous négocians, notaires, courtiers ou autres personnes qui auraient pris part à la contravention des polices signées en blanc. Le Code de commerce en interdisant (art. 332) de laisser aucun blanc dans la police n'a fait que reproduire une règle commune à tous les actes; mais il ne fait aucune mention des peines dont parlait le réglement de 1778.

151. L'art. 13 de la loi du 25 ventôse an 11 inflige aux notaires pour ces sortes de contraventions une amende de 100 fr., qui a été réduite par l'art. 10 de la loi du 7 juin1824, à la somme de 20 **fr.**

MM. Locré et Boul-Pat. pensent qu'on pourrait appliquer cette peine également aux courtiers d'assurances, la raison d'une paffaite analogie existant, puisque les courtiers sont assimilés aux notaires par l'art. 79 du Code de com. pour recevoir les polices d'assurances, sans préjudice ajoutent-ils de dommages et intérêts, s'il y a lieu. V. aussi M. Pardessus, t. 4, p. 318.

152. Au reste le blanc laissé dans la police, quoique toujours suspect, n'an-

nulle néanmoins le contrat que lorsqu'il emporte l'omission d'une clause substantielle de l'acte. V. arrêt de la Cour d'Aix du 29 avril 1823 ; V. aussi MM. Locré, t. 4, p. 11, et Bernard, p. 74.

153 Le contrat d'assurance doit être daté, mais une particularité qui lui est propre, c'est qu'il doit être énoncé dans le contrat s'il est passé *avant* ou *après* midi. C.com. 332.

154. Cette indication était nécessaire, comme nous le verrons en traitant du Ristourne; la rigoureuse application du principe aurait même exigé qu'on prescrivît d'indiquer l'heure précise à laquelle la police était signée, mais on a cru devoir laisser une latitude qui soit en rapport avec les voies larges du commerce.

155. L'absence de cette date, non plus que de l'énonciation *avant* ou *après* midi, n'entraînerait pas absolument la nullité de la police; seulement, dans le premier cas, le contrat serait sans effet à l'égard des tiers qui auraient traité avec la partie, avant que l'acte eût acquis date certaine par l'enregistrement ou autrement; et dans le second, l'omission devrait faire considérer l'assurance

comme faite après midi. Dag., t. 3, p. 28, Bernard, p. 68.

156. Dès que la police négociée par l'entremise d'un courtier ou d'un notaire est signée de l'assureur, le contrat est irrévocable, dit M. Pardessus, n° 796. Émérigon est aussi de cet avis; cependant Bernard, p. 70 et Dageville t. 3, p. 17, ont modifié cette décision, qui leur paraît trop absolue; selon eux il faut appliquer ici la règle assez généralement adoptée, d'après Dupuy de la Serre, relativement à la lettre de change sur laquelle l'accepteur peut toujours biffer son acceptation tant qu'elle n'est pas sortie de ses mains. Selon eux encore tant que l'acte n'a pas été remis aux mains de l'assuré, l'assureur est habile à se rétracter ou à réduire sa signature à une valeur équivalente à l'annulation. Nous pencherions volontiers pour ce dernier avis, plus conforme, selon nous, à la droiture de notre législation et de nos mœurs. V. cependant *Annales*, t. 3, p. 68.

157. Aussitôt que la police n'est plus dans les mains de l'assureur, aucun changement ne peut y être fait par lui, mais rien ne peut empêcher l'assureur et l'assuré d'y apporter postérieu-

rement les modifications qui leur semblent nécessaires, c'est même ce qui arrive assez souvent. On nomme *avenant* la convention qui modifie ou révoque ainsi le premier contrat.

158. Il est généralement d'usage dans le commerce d'avoir des polices imprimées dans lesquelles il n'y a plus qu'a remplir le nom des parties, du navire, etc. Deux sentences du tribunal de l'amirauté générale de Paris, des 7 décembre 1757 et 19 janvier 1759, ont prohibé ces polices imprimées comme présentant l'occasion de fraudes trop nombreuses : l'avantage, la célérité qu'elles offrent au commerce firent tomber cette défense en désuétude, et aujourd'hui cet usage de modèles de polices imprimés est commun à toutes les places de commerce. Mais il est aussi également admis, que toute clause écrite à la main, qui se trouverait contraire à une clause imprimée devrait être considérée comme une dérogation intentionnelle et suivie comme telle de préférence à la clause imprimée.

159. On a décidé encore, par application du même principe, que si celui qui signe le premier la police d'assurance y mettait

quelques dérogations à certaines clauses imprimées ou manuscrites, ceux qui signeraient ensuite seraient censés ne l'avoir fait que sous la même condition. V. De Luca, Casa-Regis, Straccha, Valin, Emérigon, Boulay-Paty, et un arrêt de la Cour d'Aix, du 23 avril 1825.

CHAPITRE III.

Des droits et obligations de l'assuré.

160. Le contrat d'assurance produit en faveur de chaque partie des droits dont l'exercice impose à l'autre des obligations; nous diviserons donc ce chapitre en deux paragraphes, dont le premier traitera des obligations de l'assuré, et le second des droits qu'il peut avoir à exercer.

§ 1. *Des obligations de l'assuré.*

161. La principale obligation de l'assuré est, sans contredit, celle de payer la prime, puisqu'en cas de non paiement, l'assureur peut échapper à la responsabilité qu'il a promise, en mettant l'assuré en demeure, par une sommation annonçant son intention, de faire résoudre la police. V. Pardessus, n° 825.

162. Après celle-ci vient l'obligation imposée à l'assuré par l'art. 374, de signifier à l'assureur, dans le cas où le délaissement peut être fait et dans le cas de tous autres accidens aux risques de l'assureur, les avis qu'il a reçus, dans les trois jours de leur réception lors de laquelle signification l'assuré peut ou faire le délaissement à l'assureur avec sommation de payer la somme assurée dans le délai fixé par le contrat ou se réserver de faire le délaissement dans le délai voulu par la loi. (C. com. 378; Valin sur l'art. 48 de l'ordonn. de 1681). L'article qui correspondait à celui-ci dans l'ordonnance de la marine portait le mot incontinent; il a été supprimé dans notre Code, et il en résulte qu'il n'y aurait plus de délai fatal et péremptoire, pour la notification du sinistre-évènement.

163. Seulement l'omission de cette signification donnerait lieu à des dommages-intérêts que l'assureur aurait droit de répéter contre l'assuré, s'il trouvait que la négligence de ce dernier lui préjudiciât. Locré, t. 4, p. 247; ordonn. de la marine, liv. 3, tit. 6, art. 42.

164. Enfin, comme la raison veut qu'on

ne puisse contraindre l'assureur à la réparation du sinistre éprouvé, que lorsque la preuve lui a été judiciairement et régulièrement faite, du chargement effectif et de la perte des effets assurés, il faut encore placer au rang des obligations essentielles de l'assuré, celle de signifier à l'assureur les actes justificatifs du chargement et de la perte. Code de Comm. 383.

165. L'inexécution de cette prescription porte sa pénalité en elle-même. En effet, le même art. 383 dispose que l'assureur ne peut être poursuivi pour le paiement des sommes assurées, **avant que la formalité dont il s'agit a été remplie**, et la Cour d'Aix a décidé le 3 août 1830, que l'assuré n'a droit à l'intérêt des sommes assurées que du jour de la signication de ces pièces justificatives. Dalloz, t. 31, 2ᵉ part., p. 67.

166. Enfin une obligation très importante est encore imposée à l'assuré en cas de naufrage, d'échouement, ou d'arrêt du prince : dans les deux premiers cas, il doit, sans aucun préjudice du délaissement à faire en temps et lieu, travailler au recouvrement des effets naufragés, mais alors les frais de recouvrement lui sont alloués jusqu'à concurrence de la va-

leur des effets recouvrés, sur sa simple af-firmation (Cod. du Comm. 381); et dans le troisième, il doit faire toutes les diligences qui dépendent de lui pour obtenir la main-levée des effets arrêtés (Cod. du Comm. 388), sans que pour cela les assureurs soient empêchés de faire séparément de leur côté, ou de concert avec les assurés, toutes les démarches à mêmes fins.

167. Les termes du dernier § de l'art. 381 nous feraient penser, en cas de contestations entre l'assureur et l'assuré sur le point de savoir si partie du produit du sauvetage a été employée à payer les frais de recouvrement des effets naufragés, que la preuve de l'emploi de cette somme pour solder des dettes étrangères au recouvrement de ces effets, incombait à l'assureur. Cependant la Cour de Bordeaux a décidé le contraire le 6 avril 1830. D'après cet arrêt l'assuré devrait prouver la réalité de l'emploi par lui indiqué.

168. Lorsque c'est un assureur qui fait réassurer, on ne peut exiger de lui suivant M. Pardessus, n. 832, Émérig. chap. 11, sect. 9; Dag., t. 3, p. 502 (Voir aussi Bernard et Estrangin), autre chose que

la preuve du paiement par lui fait au premier assuré.

169. On est dans l'usage dans la pratique de convenir, lors de la réassurance, que le réassuré produira pour toutes pièces justificatives son premier contrat avec l'assuré.

170. Peut-on stipuler dans la police que l'assuré sera dispensé de la preuve du chargement? Non. disait Valin, cette clause tendant à faire dégénérer l'assurance en véritable gageure. Cependant, il admet la validité du pacte en cas d'assurance sur un navire pris par un corsaire. Nous croyons, nous, avec Emérigon, que cette clause est très-licite, car elle ne dispense pas l'assuré du chargement, mais seulement de la preuve de ce chargement. Voir dans ce sens Delvincourt, t. 2, p. 425; Boulay, t. 4. p. 348; mais nous dirons aussi avec Bernard, p. 501, que la clause qui, en dispensant l'assuré de justifier du chargement, interdirait à l'assureur le droit de prouver que le chargement n'a pas été opéré, ou bien qui voudrait, que le réassureur ne fut recevable à opposer aucune exception, devrait être considérée comme illicite, non écrite et radicalement nulle.

171. Mais quelles seront les pièces justificatives du chargement à fournir par l'assuré? La plus importante, celle qui donne une preuve légale en quelque sorte, est le connaissement qui, régulièrement rédigé, fait foi entre toutes les parties intéressées au chargement, et entre elles et les assureurs (C. com., 282 et 283), et que l'assuré ne peut jamais être admis à contester, parcequ'il est son œuvre ou celle des personnes qui ont agi pour lui.

172. Du reste, dans le cas où il n'est pas conforme à la loi, spécialement, quand il n'est pas signé du chargeur, les assureurs sont en droit de refuser le paiement des assurances en cas de naufrage du navire et de perte des marchandises, lors même qu'il n'a pas été allégué que le capitaine fût intéressé au chargement; ce connaissement irrégulier, ni le rapport de mer constatant le sinistre, ni les déclarations des gens de l'équipage qui n'ont pas fait une vérification personnelle à cet égard, ne peuvent suppléer à l'irrégularité du connaissement. Cass., 7 juillet Dalloz, t. 29, 1re partie, p. 292, *vide contrà* un arrêt de Cass. du 25 mars 1835; *Annales*, t. 2, p. 4.

173. Cependant le connaissement peut

n'avoir pas existé, si le chargement, par exemple, a eu lieu dans un pays où leur usage n'est pas admis, ou bien il peut avoir été perdu, dans ce cas l'assuré doit être admis à fournir d'autres preuves pour constater le chargement. Mais alors c'est aux tribunaux qu'il appartient de peser la valeur des actes rapportés pour le suppléer. Valin, sur l'art. 45 ; Boul., t. 4. p. 345 ; trib. de Marseille, 31 déc. 1821 ; Dag., t. 3 p. 497 ; Bordeaux, 11 juillet 1832 ; Dalloz, t. 33, 2e part., p. 59.

174. D'un autre côté, quoique le connaissement fasse foi contre l'assureur, s'il laissait de l'incertitude sur la consistance du chargement, par exemple, s'il contenait la clause *que dit être,* les assureurs seraient en droit d'exiger d'autres preuves pour établir cette consistance. (Pardessus, n° 832 ; Boul. p. 456 ; Et enfin malgré l'exactitude, la régularité du connaissement, ils peuvent toujours être admis à prouver la fraude de l'assuré; qu'il aurait fait enlever des navires, par exemple, les objets de l'assurance, quand bien même ce dernier aurait été déclaré, par un arrêt de Cour d'assises, non coupable d'avoir frauduleusement soustrait ces objets. Aix, 7 janv. 1823 ; Dalloz, t. 2, p. 83, t. 23, 2e part., p. 144.

175. Du moment où le capitaine est en même temps le chargeur, la garantie présentée par le connaissement n'existe plus, il fallait donc recourir à un autre moyen de preuves pour empêcher la fraude du capitaine; en second lieu, quand le chargeur est à bord, la connivence peut quelquefois être facile; aussi lorsque les marchandises assurées appartiennent au capitaine ou aux gens de l'équipage et passagers, la loi indique pour la preuve du chargement quelques dispositions particulières. — En cas de perte des marchandises assurées et chargées pour le compte du capitaine sur le vaisseau qu'il commande, le capitaine est tenu de justifier aux assureurs l'achat des marchandises et d'en fournir un connaissement signé des principaux de l'équipage. (C. com. 344.) — Tout homme de l'équipage et tout passager qui apportent des pays étrangers des marchandises assurées en France (si elles n'avaient pas été assurées en France, l'assurance serait régie par les lois du pays où elle aurait été faite,) sont tenus d'en laisser un connaissement dans les lieux où le chargement s'effectue, entre les mains du consul de France, et à défaut entre les mains d'un Français no-

table négociant ou magistrat du lieu (C. com. 345.

176. Malgré les termes généraux de cette disposition, elle ne s'applique aucunement au capitaine, auquel il suffit, pour la justification du chargement fait pour son compte, de s'être conformé aux prescriptions de l'art. 334.; (Trib. de Marseille, 30 oct. 1822; journ. de cette ville, t. 3, p. 349.) Elle ne concerne pas davantage les marchandises chargées dans les colonies françaises. V. Valin, sur l'art. 63 de l'ordonn.

177. Le chargement prouvé, reste à fournir la preuve de la perte. Le moyen le plus habituel et le plus sûr de faire cette preuve est la présentation du rapport du capitaine, (C. com., 242 et 243,) qui, régulier, fait foi entre l'assuré et l'assureur tant qu'il n'est pas judiciairement contredit par ce dernier. Mais la production de ce rapport n'est pas la seule pièce probante du sinistre; cette preuve, au contraire, n'est soumise à aucune forme nécessaire ou de rigueur. Celle du naufrage, par exemple, résulte suffisamment d'un acte déclaratif du sinistre fait dans un autre but que celui du naufrage et certifié par les gens de l'équipage, (C. com. 246;

cass., 1ᵉʳ sept. 1813; Dalloz, t. 2, p. 3o, t. 13, 1ᵉ part., p. 45o et 51o; Rennes, 24 août 1824; Dalloz, t. 27, 2ᵉ part. p. 91.) Enfin la perte n'a besoin que d'être constatée d'une manière suffisante pour convaincre tout homme raisonnable. (Pard. n° 83o; Dagev. t. 3, p. 499; Trib. de Mars. 31 oct. 1823.) Ainsi l'avis adressé par un gérant du consulat de France en pays étranger à la chambre de commerce d'une ville de France, les attestations de l'équipage, les procès-verbaux des officiers des ports qui ont fait procéder au sauvetage, suffisent pour établir et justifier la perte.

178. Quand c'est le navire qui est assuré, la production des différentes pièces qui en attestent le départ, suffit pour établir la preuve de l existence du navire lors du sinistre; et celle du bon état du navire se fait, pour les navires français, au moyen du certificat de la visite qui a dû être faite avant le départ; et pour les navires étrangers, dans les formes prescrites par les lois du pays auquel le navire appartient. Du reste, dans une assurance sur corps d'un navire étranger, si l'assuré n'est pas tenu de rapporter le certificat prescrit par les lois françaises, il doit cependant justifier que le navire était en

bon état au moment du départ. Bordeaux, 29 janvier 1834; Dalloz, t. 34, 2ᵉ part., p. 210.

179. Le même arrêt a jugé que, quoique l'assuré sur marchandises soit dispensé par un article de la police de rapporter un certificat de visite, cependant s'il était en même temps propriétaire du navire, comme il est présumé avoir eu connaissance du mauvais état du bâtiment, il ne pouvait rendre les assureurs responsables de la perte de ses marchandises.

180. Sous l'ordonnance de 1681 et la déclaration de 1779, lorsqu'un navire s'était brisé contre des rochers, par l'effet d'une force majeure, l'assuré n'était pas obligé pour forcer son assureur à accepter son délaissement de représenter les procès-verbaux constatant la visite et le bon état du navire avant son départ. Cette représentation n'était exigée que pour le cas d'innavigabilité. (Cass. 25 mars 1806, Dalloz, t. 2, p. 76. 6, 1ʳᵉ part., p. 368;) Il n'en doit pas être ainsi selon nous sous l'empire de notre code de commerce; et le tribunal de commerce de Marseille a jugé, le 3 mars 1821, qu'en cas de délaissement pour cause de naufrage et non pour cause d'innavigabilité, l'irrégula-

rité des procès-verbaux de visite dressés lors du départ n'établit aucune présomption légale que le navire ait péri par suite d'un vice propre, et n'empêche pas que la présomption contraire milite en faveur de l'assuré, si l'assureur ne parvient pas à la détruire. Trib. de Marseille, t. 1. p. 175.

181. Dans tous les cas, comme la preuve de la perte peut être faite par tous les moyens possibles, on a dû admettre l'assureur à faire la preuve des faits contraires à ceux consignés dans les attestations, et à contester les énonciations portées au connaissement, ou les évaluations contenues dans la police; c'est là l'objet de l'art. 384 du C. de comm., et c'est ce qui a été jugé par un arrêt de la Cour de Caen, rapporté par Dalloz, t. 29, 1re part., p. 137. Le connaissement ne fut alors considéré que comme une simple reconnaissance et non comme un acte faisant foi entre les assurés et les assureurs jusqu'à inscription de faux. V. aussi Dag. t. 3, p. 517.

182 Il ne nous reste plus qu'une observation à faire pour compléter ce paragraphe. En droit commun, un défendeur ne peut jamais être condamné par un tri-

bunal *tant que les conclusions du demandeur n'ont pas été vérifiées*, disent les praticiens, c'est-à-dire jusqu'à ce qu'après avoir entendu les observations et défenses, il ait reconnu le bien fondé des prétentions du demandeur; la célérité qu'exigent les affaires commerciales ont fait établir une exception à ces principes. L'art. 384 C. com. dispose que l'admission à la preuve des faits contraires à ceux consignés dans l'attestation ne suspend pas la condamnation de l'assureur au paiement provisoire de la somme assurée, à la charge par l'assuré de donner caution. L'assureur ne pourrait refuser davantage. en cas de délaissement par suite de naufrage, de payer la somme assurée, sous le prétexte que l'assuré ou le capitaine n'ont pas fait ce qu'ils ont dû pour le sauvetage. Il doit, dit M. Delvincourt, payer d'abord, sauf à réclamer ensuite. C. com. 384.

183. Mais le tribunal n'est point *tenu* d'accorder toujours cette condamnation provisoire; il reste sur ce point, comme lorsqu'il s'agit d'apprécier les preuves de dol et de fraude relatifs au chargement ou au sinistre, le juge absolu du fait et des circonstances qui l'entourent. V.

Dag. t. 3, p. 516 et 517; Delv. t. 2, p. 426:
Cass., 15 février 1826; Dalloz, t. 26, 1ʳᵉ
part., p. 137.

§ 2. *Des droits de l'assuré.*

184. L'exercice des droits de l'assuré ne
peut s'ouvrir à son profit qu'en cas de sinistre, mais alors ces droits s'exercent
d'une façon différente selon que ce sinistre,
grave ou léger, rentre dans telle ou telle
catégorie prévue par le Code de comm.

185. Ce recours de l'assuré contre l'assureur peut avoir lieu de deux manières:
par le délaissement, c'est-à-dire par l'a-
bandon à l'assureur, de la toute propriété
de ce qui reste des effets assurés, moyennant le paiement dans le délai stipulé
dans la police de la somme convenue par
l'assurance; ou bien, par l'action d'avarie, c'est-à-dire lorsque l'assuré, ne pouvant ou ne voulant faire le délaissement,
agit contre l'assureur à l'effet d'être in-
demnisé de toutes les pertes et dommages
arrivés par fortune de mer aux effets assurés, ce qui divise naturellement ce paragraphe en deux articles. Remarquons
cependant dès à présent que le délaissement, n'étant établi qu'en faveur de l'assuré, est toujours facultatif à son égard.

quand même l'assurance aurait été faite avec la clause *franc d'avaries*, (C. com. 409) et qu'on ne peut dans aucun cas considérer comme une renonciation à faire ce délaissement la nomination d'arbitres faite par lui dans un compromis, pour régler les avaries souffertes par le navire lorsqu'il n'a été instruit de l'ouverture de l'action en délaissement que par suite des opérations ordonnées par les arbitres. Tribunal de Marseille, 27 août 1829; journal de cette ville, t. 12, p. 76.

ART. 1er DU DÉLAISSEMENT.

186. Dans quels cas, dans quels délais, dans quelle forme, l'assuré peut-il faire le délaissement? C'est ce que nous allons dire dans cet article.

187. Le délaissement des objets assurés peut être fait, en cas de prise, de naufrage, d'échouement avec bris, d'innavigabilité par fortune de mer, en cas d'arrêt d'une puissance étrangère, en cas de perte ou de détérioration des effets assurés, si la détérioration ou la perte va au moins aux trois quarts.(1) Il peut être fait en cas

---

(1) La clause par laquelle il est dit que le délaissement des marchandises assurées ne pourra avoir

d'arrêt de la part du gouvernement, *après* le voyage commencé (C. com. 369); mais il ne peut être fait avant le voyage commencé. C. comm. 370.

188. Les cas dont nous venons de parler sont exclusifs de tous autres, et on ne peut les étendre par analogie, l'art. 371 voulant que tous les autres dommages épouvés par le navire soient réputés avaries. Ainsi quoique l'interdiction de commerce soit, dans son principe et dans ses effets, pour ainsi dire connexe *avec l'arrêt de prince*, néanmoins comme la loi ne l'a pas mise au nombre des cas donnant lieu au délaissement, cette interdiction ne peut ouvrir au profit de l'assuré que l'action d'avarie; bien entendu néanmoins que s'il résultait de l'interdiction

---

lieu qu'en cas de perte des 3|4 des objets assurés n'empêche pas les assurés de faire le délaissement, lorsque par suite d'échouement les marchandises ont été déposées en bon état dans un lieu autre que celui où les assureurs se sont, par une clause écrite, expressément obligés de les faire parvenir à leurs risques, soit par un navire désigné, ou par tout autre, et quoique le capitaine et les assureurs se soient trouvés dans l'impossibilité de fréter un navire pour en faire le transport au lieu convenu. C. comm., 394; Cass. 22 juin 1826; Dalloz, t. 26, 1re part., p. 310.

de commerce une perte de plus des 3[4 pour l'assuré. l'action en délaissement lui compèterait. V. Dageville, t. 3, p. 572.

189. Cependant le Tribunal de com. de Marseille a décidé par deux jugemens, les 20 août et 10 novembre 1829, que la rupture de voyage, causée par le refus de l'autorité d'un point intermédiaire d'accorder le passage du navire porteur des facultés assurées pour les lieux de sa destination, constituait un sinistre donnant lieu au délaissement. (Dalloz, t. 32, 3ᵉ part., p. 105). Ces décisions nous semblent très contestables.

190. Nous avons dit que le délaissement était toujours facultatif pour l'assuré ; nous ne le rappelons ici que pour ajouter, comme conséquence de ce principe, que les parties peuvent stipuler, ou que le délaissement n'aura pas lieu dans tel ou tel cas prévu par le code de com. ou qu'il pourra avoir lieu dans telle ou telle autre circonstance non déterminée par la loi. V. Boulay, t. 4, p. 225; Locré, t. 4, p. 213; Pard. n. 837.

191. Si après un an expiré, à compter du jour du départ du navire, ou du jour auquel se rapportent les dernières nouvelles reçues pour les voyages ordinaires,

et après deux ans pour les voyages de long cours, l'assuré déclare n'avoir reçu aucune nouvelle de son navire, il peut également faire le délaissement à l'assureur et demander le paiement de l'assurance, sans être astreint à fournir une attestation de la perte. C. com. 375 (1).

192. Dans le cas d'une assurance pour temps limité, après l'expiration des délais établis, comme il est dit ci-dessus, pour les voyages ordinaires et pour ceux de

------

(1) Sont réputés voyages de long cours, ceux qui se font aux Indes orientales et occidentales, à la mer Pacifique, au Canada, à Terre-Neuve, au Groënland et autres côtes et îles de l'Amérique méridionale ou septentrionale, aux Açores, Canaries, à Madère et dans tous les caps et pays situés sur l'Océan, au-delà du détroit de Gibraltar et du Sund. C. comm. 377.

Il ne faut pas prendre les termes de cet article trop à la lettre ; ainsi la traversée du détroit de Gibraltar, de l'est à l'ouest, ne constituerait pas un voyage de long cours. Vincens, t. 3, p. 133 ; Dag. t. 3., p. 471.

On a décidé qu'un voyage de Rouen à St-Pétersbourg n'était pas un voyage de long cours. (Cass. 28 mai 1876.) Cet arrêt est conforme à l'interprétation générale ; cependant le Tribunal de Marseille a déclaré voyage de long cours celui de Cette à Boulogne, mais il a fait là, selon nous, une application erronnée de l'art. 377.

long cours, la perte du navire est présumée arrivée dans le temps de l'assurance, (C. com. 376, cette perte devant toujours retomber sur celui qui était chargé des risques au moment des dernières nouvelles.

193. Il s'est élevé de nombreuses difficultés pour savoir si l'existence seule des causes indiquées par l'art. 369 du C. de comm. suffit pour autoriser le délaissement, ou si elles n'ont cet effet que lorsqu'elles opèrent la perte totale ou presque totale des effets assurés. Nous allons examiner cette question en donnant quelques explications sur la valeur et l'étendue des différents termes dont se sert cet article.

194. *En cas de prise*, l'action en délaissement est-elle ouverte au profit de l'assuré, tellement qu'aucun événement postérieur ne puisse l'en priver ? Oui, selon Valin, Pothier, Boulay. Dageville et le tribunal de Marseille qui a rendu un jugement en ce sens, le 17 août 1823, que la prise soit juste ou injuste, faite par amis ou ennemis. Cette décision avait été consacrée par l'ancienne jurisprudence. Emérigon cependant et après lui MM. Delvincourt et Pardessus pensent que si le

navire capturé recouvrait sa liberté soit par *recousse*, rachat, jugement qui lé relâcherait ou par la force de l'équipage, il n'y aurait lieu qu'à l'action d'avarie; sous la condition toutefois, ajoutent ces derniers, que les objets pris soient revenus au pouvoir de l'assuré avant que le délaissement ait été par lui signifié. Nous sommes entièrement, quant à nous, de l'opinion de Valin et de Pothier; car l'action en délaissement prend naissance au moment où l'assuré a cessé d'avoir la libre disposition de l'objet assuré; l'ancienne jurisprudence était constante sur ce point, et notre Code ne contient aucune disposition qui puisse justifier l'opinion de MM. Delvincourt et Pardessus.

195. Nous avons vu que lorsqu'il y a sinistre, l'assuré doit signifier à l'assureur les avis qu'il a reçus. Toutefois, en cas de prise, s'il n'a pu en donner avis à l'assureur, il peut racheter les effets sans attendre son ordre; mais il est tenu de signifier la composition qu'il a faite aussitôt qu'il en a les moyens; (C. com. 395) et l'assureur a le choix alors de prendre la composition à son compte ou d'y renoncer, à la charge cependant de notifier ce choix à l'assuré dans les vingt-

quatre heures qui suivent la signification de la capture (2).

196. S'il déclare prendre la composition à son profit, il est tenu de contribuer sans délai au paiement du rachat dans les termes de la convention, et à proportion de son intérêt, et il continue de courir le risque du voyage, conformément au contrat d'assurance. S'il déclare renoncer au profit de la composition, il est tenu au paiement de la somme assurée sans pouvoir rien prétendre aux effets rachetés, et lorsque l'assureur n'a pas notifié son choix dans le délai susdit il est censé avoir renoncé au profit de la composition. C. com. 396.

197. Le naufrage a été défini, par la déclaration du 15 juin 1735, *un évenement par lequel le navire est submergé par l'effet de l'agitation violente des eaux, de l'effort des vents, de l'orage et de la foudre, de manière à ce qu'il s'abîme entièrement dans la mer ou que de simples débris sur-*

----

(2) Outre un jour par 2 myriamètres et demi de distance entre le domicile de l'assureur et celui de l'assuré, selon **M. Delvincourt**, t. 2, p. 410. (C. com, 465.) Il ne doit être accordé que 3 myriamètres par jour selon **M. Pardessus**, n° 838 C. de pr., 1033.

nagent. C'est ce qu'on nomme alors le *naufrage absolu;* mais quelquefois le navire peut. en donnant contre un bas fond, des écueils ou le rivage. éprouver une fracture telle qu'il soit entr'ouvert et rempli d'eau, sans qu'il disparaisse absolument et que les débris en soient dispersés; c'est ce qu'on appelle un *naufrage présumé,* un échouement *avec bris.* C. com. 36o

L'un et l'autre de ces accidents donnent ouverture au délaissement ; et quand il s'agit de facultés, l'assuré est en droit de le faire, malgré le sauvetage de tout ou partie des choses assurées. Dageville. 3ᵉ part., p. 36o.

198. L'ordonnance de 1681 avait placé au nombre des cas de délaissement l'échouement avec bris ou sans bris, partiel ou absolu, sans aucune distinction d'espèce : la déclaration de 1779 vint modifier cet état de choses en introduisant le système que notre Code de commerce a également adopté. Aujourd'hui l'échouement avec bris absolu, celui que l'art 381 suppose toujours devoir entraîner le naufrage des effets assurés , est le seul qui donne ouverture au délaissement.

199. Quelquefois cependant ce délais-

sement peut avoir lieu à la suite d'un simple échouement, lorsque par exemple, le navire ne peut être ni réparé ni relevé: mais alors ce n'est plus à titre d'échouement. mais d'innavigabilité que l'assuré délaisse; (V. Fav. V° délaissement.) ou bien encore lorsque le navire, quoique relevé, réparé et mis en état de continuer sa route, l'échouement a occasioné une perte ou déterioration du navire ou de sa marchandise jusqu'à concurrence des 3/4 de sa valeur. Rouen, 22 juin 1817; Dalloz, t. 2, p. 36, et t. 1, p. 320.

200. Il a été jugé par la même Cour de Rouen, le 14 août 1818, qu'en cas de perte du navire résultant d'un échouement avec bris, soit parce que le navire n'a pu être relevé, soit parce qu'il n'était plus susceptible de radoub, il y avait lieu au délaissement de la marchandise sauvée, qu'elle ait été ou non avariée par suite du naufrage. (V. Dag., t. 3. p. 364 où cet arrêt se trouve cité.) C'est là, selon nous, faire une application bien rigoureuse du principe. Nous croyons qu'il serait plus équitable, lorsque les marchandises assurées séparément ont été sauvées en totalité ou pour la plus grande partie, de n'admettre le délaissement de ces marchan-

dises qu'autant qu'il ne serait pas possible de trouver un autre navire pour les recharger. C. com. 390 et. 391; Dall. t. 2, p. 34.

201. Après la prise qui enlève à l'assuré sa propriété, le naufrage et l'échouement qui l'anéantissent, nous arrivons à l'innavigabilité qui, suivant Emérigon, chap. 12, sect. 38, est *une dégradation absolue, ou le défaut irrémédiable de quelq'une des parties essentielles du vaisseau, sans lesquelles il ne saurait subsister comme navire et remplir l'objet de sa destination.* Cette définition seule prouve la nécessité d'en faire un cas de délaissement. Néanmoins, l'ordonnance de 1681 l'avait omis, sans doute parce qu'alors l'innavigabilité était assimilée au naufrage par tous les anciens auteurs. Mais ce silence ayant fait naître des difficultés, la déclaration du 17 août 1779 décida que le délaissement pourrait être fait, si le vaisseau était mis par fortune de mer hors d'état de continuer sa navigation. Le Code de commerce a adopté les mêmes principes.

202 Le délaissement à titre d'innavigabilité ne peut être fait si dans les délais prescrits par l'art. 387, et dont nous

parlerons tout à l'heure, le capitaine a pu trouver un navire pour charger les marchandises et les conduire au lieu de leur destination; (C. com. 394) ou si le navire échoué peut être relevé, réparé et mis en état de continuer sa route pour le lieu de sa destination; mais dans ces cas, l'assuré conserve toujours son recours sur les assureurs pour les frais et avaries occasionés par l'échouement. C. com., 389.

203. Si le navire a été déclaré innavigable, l'assuré sur le chargement est tenu d'en faire la notification aux assureurs dans le délai de trois jours de la réception de la nouvelle, (C. com. 390.) outre un jour par deux myriamètres et demi de distance dans le cas où ces derniers ne demeureraient pas au même lieu que l'assuré C. com ; 165. Le capitaine est alors tenu de faire toutes diligences pour se procurer un autre navire, à l'effet de transporter les marchandises au lieu de leur destination; (C. com. 391) et l'assureur court le risque des marchandises chargées sur un autre navire jusqu'à leur arrivée et leur déchargement.(C.com.372.) Il répond même, selon Dageville,des avaries occasionées par les vices inhérens

à ce navire, si on a été obligé de le prendre à défaut d'autres pour effectuer le transport.

204. Alors même que le navire serait réparable, s'il n'existait sur les lieux du sinistre ni matériaux pour le radoub, ni ouvriers pour l'effectuer, le navire devrait être considéré comme innavigable. (Marseille, 4 déc. 1820.) Il en serait de même si le capitaine ne trouvait aucun moyen d'emprunter la somme nécessaire, (Valin, Dageville, t. 3, p. 363,) pourvu toutefois que l'armateur ne fût pas sur les lieux et ne se trouvât pas à même de faire face aux dépenses. (Marseille, 22 juill. 1830 ; V. le journ. de cette ville, p. 128.)(1) Encore si pour réparer le navire il fallait plus de temps et de dépenses que pour en construire un neuf, (Rouen, 14 juin 1832 ; Dalloz, t. 32, 1re part., p. 221.) quand bien même les experts auraient déclaré que le navire coûterait trop cher à réparer à cause de son extrême vétusté. C. com., 352. 369 ; Bordeaux, 1er mars 1828 ; Dalloz, t. 28, 2 part. p. 132.

---

(1) L'innavigabilité relative doit, dans tous ces cas, être assimilée à l'innavigabilité absolue.

205. Mais par qui, et dans quelle forme l'innavigabilité doit-elle être constatée? On a soutenu que la cour suprême avait décidé, par confirmation d'un arrêt de la Cour de Bordeaux, que le tribunal de commerce est *seul* compétent pour constater et déclarer l'innavigabilité. (Cass. 3 août 1821, Dalloz, t. 2, p. 42, et t. 22 1re part. n° 107. L. 13 août 1791;)M. Pardessus, t. 3, p. 378, conteste cette décision. Les procès-verbaux des autorités compétentes, dit-il, les ordres qu'elles ont donnés pour réunir les débris, sont des preuves de sinistre que l'assureur ne saurait contester, sauf son recours contre l'agent de l'autorité dont il aurait à se plaindre. Cette opinion a aussi été défendue tout récemment par les rédacteurs des Annales du droit commermercial: (t. 3, p. 171) selon eux les commissaires de la marine ont droit et qualité pour constater cette innavigabilité; ils se fondent pour cette décision sur un arrêté du 17 floréal an IX, et citent à l'appui de leur opinion un jugement par lequel le Trib. de Marseille, a jugé, le 4 déc. 1820, que l'innavigabilité pouvait encore être constatée par un procès-verbal du capitaine et par un rapport d'experts. Cette décision nous semble d'autant plus ad-

missible que les arrêts qu'on lui oppose, motivés presque exclusivement sur des faits, ne peuvent être considérés comme des arrêts de principe.

206. A l'égard des navires échoués sur une côte étrangère, on sent que les lois françaises n'ayant rien pu prescrire sur ce point, il faut laisser aux tribunaux la liberté d'apprécier souverainement si les pièces produites sont suffisantes et méritent pleine foi.

207. La disposition de la déclaration de 1779, qui exigeait la représentation, par l'assuré qui voulait délaisser pour cause d'innavigabilité, du procès-verbal de la visite du bâtiment, antérieure au départ, restreinte d'abord aux navires destinés aux voyages de long-cours par la loi du 14 août 1791, n'a pas été renouvelée par notre Code, et se trouve ainsi abrogée. (V. loi du 5 sept. 1817; C. com., 25 et 369; Bordeaux, 27 fév. 1826; Dalloz, t. 26, 2 part., p.233.) Par conséquent, l'irrégularité de ce procès-verbal de visite, même dans le cas où le délaissement est fait pour cause de naufrage, n'établit aucune présomption légale que le navire ait pér par suite d'un vice qui lui soit propre. (Trib. de com. de Mar-

seille, 3 mars 1821. V. Journ. t. 2, p. 175.)
Toutefois la Cour de Bordeaux a jugé
depuis dans un sens contraire que le certificat de visite destiné à constater le bon
état du navire au moment du départ
ne peut être valablement suppléé par
une déclaration du capitaine, même af-
firmée de l'équipage. (Bordeaux, 7 mai
1832; Dalloz, t. 32, 2 part., p. 150.) Et le
tribunal de Marseille a été plus loin le
14 nov. 1823, car selon lui l'absence de
procès-verbaux réguliers en cas d'innavigabilité en cours de voyage, non seulement établit la présomption légale que
le navire est parti en mauvais état, mais
encore cette présomption exclut toutes
preuves contraires de la part de l'assuré.

208. Nous pensons, nous, avec Emérigon, que si l'on doit admettre cette présomption légale dont parle le tribunal de
Marseille, elle ne peut être exclusive de
la preuve contraire, de même que malgré
les procès-verbaux les assureurs sont recevables à prouver que lorsque 'e navire
a fait voile, il était incapable de naviguer. Cass., 18 mai 1824, Dalloz, t. 2.
p. 40; Bordeaux, 1er mars 1828; Dalloz,
t. 28, 2e part., p. 132.

209. MM. Estrangin, p. 516 et Dage-

ville, t. 3, p. 370, enseignent aussi avec les autorités que nous venons de citer, et en invoquant un arrêt de la cour d'Aix de messidor an XII, que la production du procès-verbal de visite, tout en faisant cesser la présomption que l'innavigabilité est résultée du vice propre du navire, ne suffit pas pour établir la présomption que cette innavigabilité procède de fortune de mer (1).

210. Enfin pour résumer ce que nous avons rapporté sur ce point, nous dirons que la règle qui exige que l'innavigabilité soit constatée par procès-verbaux et prononcée par une autorité compétente n'est pas prescrite à peine de nullité absolue, et doit fléchir selon les circonstances du fait; et qu'après tout, la nature des événements doit éminemment influer sur la valeur et les effets des preuves qui, dans

---

(1) Les procès-verbaux qui constatent l'innavigabilité doivent, pour être réguliers, viser ceux qui ont été faits avant le départ du navire pour sa destination s'il en existe, et dans le cas où ce procès-verbaux sont dressés par un substitut du greffier en chef de *tel* pays, ils sont nuls et sans valeur, s'il n'est indiqué que cet officier a procédé en l'absence de ceux à qui il aurait appartenu de faire l'opération. Bordeaux, 9 fructidor an VIII, Dall. t. 2, p. 29.

ce cas, ne sauraient être soumises à des conditions rigoureuses et précises. Bordeaux. 22 août 1831 ; Cass., 14 mai 1824 et 14 juin 1832 ; Dalloz, t. 31, 2ᵉ part., p. 258, t. 34, 1, 450, t. 32, 1, 221.

211. A l'appui de ce principe nous citerons un arrêt tout récent, rendu par la Cour de cassation, et par lequel, le 29 juin 1836, il a été décidé que, bien que ce ne soit que postérieurement à la perte d'un navire étranger que la loi étrangère ait prescrit de faire vérifier l'état du navire avant son départ, un arrêt a pu déclarer, sans violer le principe de non rétroactivité, que cette loi faisait supposer que, même antérieurement à sa promulgation, on avait reconnu dans le pays étranger la nécessité de faire constater l'état du navire avant son départ, et par suite imposer à l'armateur du navire naufragé, qui ne rapportant pas de certificat de visite voulait exercer le délaissement, l'obligation de prouver que la perte du navire avait été occasionée par fortune de mer. V. *Annales*, t. 3, p. 32.

212. On a vu que l'arrêt de puissance que dans la pratique on nomme plus souvent *embargo*, ne peut donner ouver-

ture au délaissement lorsqu'il a lieu avant le commencement du voyage assuré: dans ce cas néanmoins l'assurance continue de subsister pour avoir son effet après la cessation de l'arrêt. Il y a ici une remarque fort importante à faire, c'est qu'il ne faut pas confondre *le commencement du voyage*, tel que l'entend l'art. 370 du Code de commerce, avec le moment du départ. En effet, pour le chargement, le voyage commence à l'instant où les marchandises arrivent à bord; et si le navire était arrêté avant le départ, mais après le chargement, ces marchandises pourraient être délaissées, et le navire lui-même ne pourrait l'être. (Emérig., ch. 12, sect. 3o., § 6.) Du reste, l'arrêt de puissance n'est pas une cause suffisante de délaissement, si l'assuré reçoit le prix de la propriété qu'on lui enlève; seulement il aurait une action pour le paiement du complément du prix, si la somme allouée était inférieure à la valeur de cette propriété avec tous ses accessoires, fret, prime, etc. Trib. de Marseille, 22 fév. 1822.

213. Il n'est pas nécessaire pour constituer l'arrêt de prince que cet arrêt ait lieu par ordre direct et immédiat du pouvoir exécutif. L'ordre du magistrat, celui

du juge, produisent le même effet s'ils se rapportent toutefois à quelque cause d'utilité publique, et s'ils ont lieu sans le concours ni la volonté du capitaine dont ils arrêtent la navigation. Dagev., t. 3, p. 566 et 569.

214. L'art. 369 du Code de commerce désigne ensemble comme devant être une cause de délaissement la perte et la détérioration des objets assurés, lorsqu'elles s'élèvent au moins aux 3/4 et proviennent d'un accident maritime ; il y a néanmoins une distinction à faire entre ces deux causes. Il y a perte lorsque la quantité a diminué, et détérioration quand la qualité bonne est devenue mauvaise. C'est par le nombre, le poids, la mesure qu'on arrive à connaître la quantité perdue. Au contraire, pour connaître la détérioration et en constater le montant, il faut déduire la *franchise* dont les assureurs ne répondent pas, évaluer ensuite les marchandises comme si elles n'avaient éprouvé aucune détérioration, c'est-à-dire au lieu et au temps du chargement, et puis déterminer la valeur réelle et actuelle de ces marchandises : la différence entre ces deux évaluations constitue la perte ou mieux la détérioration. (Pardessus, n. 845,

Boul. - Paty, t. 4, p. 239.) M. Dageville veut, en outre, qu'on fasse entrer
en compte les frais de sauvetage et de
recouvrement des marchandises.

215. Suivant MM. Boulay et Par-
dessus, *loc. cit.*, si la quantité et la qualité des objets assurés, n'ayant point ou
n'ayant que peu diminué la contribution
aux avaries, les grève d'une somme excédant les 3/4 de leur valeur, il n'y a pas
lieu au délaissement. L'opinion contraire
est cependant suivie dans la pratique.

216. Pour que le délaissement soit valable, il suffit que les experts nommés
aient jugé que la détérioration du navire
s'élevait au-delà des 3/4 de la valeur du
navire, encore bien que le navire ait été
vendu plus du quart de sa valeur et
qu'ainsi la somme à la charge des assureurs soit moindre que les 3/4 de la
somme assurée. Cass. 14 juin 1832,
Dalloz, t. 32, 1re part., p. 221.

217. En cas d'assurance sur prêt à la
grosse, le tribunal de Marseille a décidé
le 15 mai 1824, que pour donner ouverture au délaissement, la perte de plus des
3/4 devait porter non pas seulement sur
les objets formant le gage du prêt, mais
sur ce prêt lui-même qui forme la ma-

tière directe de l'assurance. M. Dageville,
(t. 3, p. 113,) combat cette décision qui
nous semble néanmoins conforme aux
principes de la matière.

218. Dans tous les cas le délaissement
des objets assurés ne peut être partiel, ni
conditionnel, ni s'étendre aux effets qui
ne sont pas l'objet des risques et de
l'assurance. (C. com. 272.) Il en est
ainsi lors même que les marchandises sont de diverses sortes, si elles sont
comprises dans la même police, et si
chaque espèce de marchandises n'a point
été assurée par une police distincte. Mais
s'il y avait des polices séparées, ou
bien si, avec une seule police, tous les
objets qui y sont portés ont été assurés
pour des sommes distinctes, le délaissement pourrait avoir lieu pour l'une des
polices ou pour l'une des parties de la
police et non pour les autres, malgré l'i-
dentité d'objets, d'assureurs et d'assurés.
Emérig. chap. 7, sect. 8; Delv., t. 2, 419;
Pard, 850 et 853; Bordeaux, 15 décembre 1828; Dalloz, t. 29, 2ᵉ part., p. 165.

219 Cependant si l'on n'avait assuré
qu'une partie *aliquote* seulement, l'assuré
ne serait tenu de délaisser qu'une part proportionnelle du chargement. De même s'il

a faculté de faire échelle. l'assuré (quoiqu'il ait fait assurer la totalité de son navire au départ,) peut au moyen des bénéfices faits en cours de voyage remplacer sa cargaison primitive par une autre d'une plus grande valeur; dans ce cas il n'y a pas lieu de délaisser le produit entier du sauvetage, car il est évident que la prohibition de l'art. 372 ne s'applique pas aux deux espèces que nous venons de citer. Delv., Pard., Emérig., *loc. cit.*

220. Enfin si l'assurance a eu lieu divisément pour des marchandises qui doivent être chargées sur plusieurs vaisseaux désignés, avec énonciation de la somme assurée sur chacun, et si le chargement entier est mis sur un seul vaisseau ou sur un moindre nombre qu'il n'en est désigné dans le contrat, l'assureur n'est tenu que de la prime qu'il a assurée sur le vaisseau ou les vaisseaux qui ont reçu le chargement, et par suite le délaissement ne peut avoir lieu que pour ceux-là, nonobstant la perte de tous les vaisseaux désignés, quoiqu'ils reçoivent néanmoins 1/2 p. o/o des sommes dont les assurances se trouvent annullées. C. com. 361.

221. En outre des conditions que nous avons indiquées, il en existe encore plu-

sieurs qui sont indispensables pour que le délaissement puisse avoir lieu; les unes sont relatives au mode de délaissement, les autres aux délais dans lesquels il doit être fait.

222. L'une des plus importantes est l'obligation imposée par la loi à l'assuré (C. com., 379) de déclarer en faisant le délaissement toutes les assurances qu'il a faites ou fait faire, ou celles qu'il a ordonnées et l'argent qu'il a emprunté à la grosse, soit sur le navire, soit sur les marchandises.

223. L'absence de cette déclaration n'emporte pas la nullité du délaissement, mais elle suspend le délai du paiement des pertes assurées jusqu'à ce que le délaissement ait été régularisé par la notification de la déclaration prescrite, (Rennes; 24 août 1824; Dall., t. 27, 2, 91) sans qu'il en résulte jamais aucune prorogation du délai établi pour former l'action en délaissement. C. com. 279.

224. De plus, en cas de déclaration frauduleuse, l'assuré est privé des effets de l'assurance et tenu de payer la somme empruntée, nonobstant la perte ou la prise du navire, (C. com 380.) Rien n'empêche que l'assureur réclame, dans ce cas, l'exé-

cution du contrat si, malgré les fraudes de l'assuré, il prouve son avantage dans cette exécution.

225. L'assuré commissionnaire doit déclarer non-seulement les assurances et emprunts qu'il a faits, mais encore ceux qui ont été faits par son commettant, ou au moins qu'il n'est pas à sa connaissance qu'il en ait été fait par ce dernier, (Trib. de Marseille, 13 août 1824 et 2 mars 1830; Journ. de cette ville, t. 5, p. 241 et t. 11, p. 212,) et le porteur d'une police à ordre, ou payable au porteur n'est pas dispensé de cette obligation. Trib. de Mars. 18 août 1823. V. journ. de cette ville.

226. Quand l'assuré n'a souscrit ni contrat d'assurance ni contrat à la grosse, doit-il le déclarer en faisant le délaissement? Oui, suivant le tribunal de Marseille, jugement du 20 janvier 1820) pour qu'on puisse reconnaître s'il a ou non encouru la peine portée par l'art. 380 du C. com.

227. Suivant M. Dageville, cette déclaration peut être faite ou rectifiée après les délais fixés par l'art. 373 dont nous allons parler. V. en ce sens un jugement du tribunal de Marseille de 11 août 1826.

228. Il faut bien distinguer les déclarations frauduleuses de celles inexactes qui ne donnent lieu qu'au ristourne; (C. com. 359.) mais la preuve que cette déclaration inexacte n'est pas frauduleuse tombe alors à la charge de l'assuré, contrairement à cet axiôme du droit civil que *la fraude ne se présume point*; car, selon M. Pardessus, la présomption de fraude est toujours contre l'assuré qui n'a pas fait ce à quoi il était astreint.

229. En cas de naufrage, d'innavigabilité, d'échouement avec bris, le délaissement doit être fait aux assureurs, dans le terme de six mois, à partir du jour de la réception de la nouvelle de la perte, arrivée aux ports et côtes de l'Europe, ou sur ceux d'Asie ou d'Afrique dans la Méditerranée, et en cas de prise, dans le même terme de six mois, à compter du jour où a été reçu l'avis de la conduite du navire dans l'un des ports ou lieux situés aux côtes ci-dessus mentionnées. Dans le délai d'un an après la réception de la nouvelle des pertes arrivées ou de la prise conduite aux colonies des Indes Occidentales, aux îles Açores, Canaries, Madère et autres îles et côtes occidentales de l'Afrique et orientales d'A-

mérique. Dans le délai de deux ans après la nouvelle des pertes arrivées ou des prises conduites dans toutes les autres parties du monde. Ces délais passés, les assurés ne sont plus recevables à faire le délaissement (C. com. 373). V. Ordonnance du gouverneur de la Guyane française du 10 octobre 1820.

230. Malgré les termes généraux du dernier paragraphe de l'art. 373. la Cour d'Aix a décidé le 18 février 1828 qu'il suffit que les assurés aient donné connaissance aux assureurs dans le délai légal, du jugement qui déclare un navire innavigable pour qu'ils soient recevables à faire l'abandon, encore bien que depuis le sinistre jusqu'au jour où ils en ont instruit les assureurs, le délai de l'art. 373 se fût écoulé.

231. En cas d'arrêt de prince, le délaissement des objets arrêtés ne peut être fait qu'après un délai de six mois de la signification de la nouvelle (que l'assuré doit faire dans les trois jours de la réception) si l'arrêt a eu lieu dans les mers d'Europe, dans la Méditerranée ou dans la Baltique; qu'après le délai d'un an, si l'arrêt a eu lieu en pays plus éloigné. Mais les délais ne courent que du jour de la

signification de l'arrêt; et dans le cas où les marchandises arrêtées sont périssables, les délais ci-dessus sont réduits à un mois et demi dans le premier cas, et à trois mois pour le second (C. com. 387). Il nous semble que cette réduction doit également se faire lorqu'il s'agit de délaissement par suite d'innavigabilité.

232. Suivant la cour de cassation les délais pour faire le délaissement en cas d'assurance sont applicables à la réassurance. (Cass. 1er juin 1824, Dal., t. 2, p. 47, et t. 1er, p. 334.) Cette décision nous paraît bien rigoureuse, car le réassuré ne peut agir tant que le premier assuré n'a pas fait son délaissement.

233. En définitive, une fois le délaissement signifié, accepté ou jugé valable, les effets assurés appartiennent à l'assureur à partir de l'époque du délaissement; (C. com. 385), à moins cependant que le délaissement n'ait été fait par erreur et sur la nouvelle fausse d'un sinistre. (C. civ., 1134) Ainsi sans acceptation de délaissement ou sans jugement qui le déclare valable, point de transport de la propriété des effets assurés; mais une fois cette acceptation donnée, ce jugement obtenu, il y a rétroaction au jour du dé-

laissement effectif, et l'assureur ne peut se dispenser de payer la somme assurée, sous prétexte de retour de navire, (C. comm. 385, § 2) ni sous celui que le délaissement était conditionnel ou partiel; de plus ce délaissement transferera aux assureurs la propriété du navire et de l'indemnité qui peut être accordée par l'état, si le délaissement a eu pour cause la prise du navire, de telle sorte que les assureurs se trouvent saisis à l'égard des tiers, sans qu'il soit nécessaire de notifier aucun transport. C. civ., 1689, 1690; Cass. 4 mai 1836; *Annales*, t. 2, p. 257.

234. Toutefois l'assureur qui par transaction a accepté l'abandon anticipé d'un navire présumé perdu, à la condition qu'il jouira de la propriété dudit navire s'il vient à être retrouvé, peut obtenir la rescision de la transaction si l'assuré a caché ou négligé de faire connaître au moment de la transaction l'existence de contrats à la grosse qui diminuaient la valeur donnée au navire. Bordeaux, 2 avril 1835; *Annales*, t. 1, p. 229. V. ch. *Ristourne*.

235. Ce paiement, s'il n'a pas été fixé par le contrat, doit être effectué trois mois après la signification du délaissement (C.

com. 382; et lorsqu'il a été stipulé dans la police qu'il n'aurait lieu qu'après un temps plus long quoique toujours à partir du jour de la signification, les assureurs doivent les intérêts de la somme assurée à compter de l'expiration du délai légal. Cass. 19 mai 1824; Dall., t. 2, p. 71, et t. 1 p. 334.

236. Du reste, le délaissement comprend le frêt des marchandises sauvées. Quand même il aurait été payé d'avance, ce frêt appartient à l'assureur, sans préjudice des droits du prêteur à la grosse, de ceux des matelots pour leur loyer et des frais et dépenses pendant le voyage (C. com. 334), quand bien même il aurait été stipulé entre le chargeur et le capitaine qu'il ne serait pas restitué en cas de sinistre. Cette clause étant, à l'égard de l'assureur, *res inter alios acta,* ne doit jamais en aucun cas lui préjudicier.

237. Sous l'empire de la déclaration du 17 août 1779, on stipulait quelquefois que le frêt ne ferait pas partie du délaissement. Cette clause serait-elle valable aujourd'hui? Oui, suivant MM. Dageville et Pardessus; non suivant MM. Delvincourt, Bernard et Locré. Nous pensons avec ces derniers que le frêt étant le fruit

civil, l'accessoire du navire, on ne peut, sans de graves inconvéniens. laisser les parties stipuler qu'il n'en suivra pas le sort. Dans tous les cas, les expressions de l'art. 386 du C. de com. doivent s'entendre seulement du frêt des marchandises sauvées qui étaient à bord au moment du sinistre. Cass. 14 d c. 1835 ; Boulay, Dageville,— *Contrà*, Delvincourt et Pardessus.

38. S'il y a contrat *à la grosse* et assurance sur le même objet, (sans que le prêt et l'assurance en excèdent la valeur,) et si le prêt a été fait avant le voyage commencé, le produit des effets délaissés doit être partagé entre le prêteur, pour son capital, et l'assureur pour les sommes assurées, au marc le franc de leur intérêt respectif, sans préjudice des priviléges établis à l'art. 191. (C. com. 331.) Cette disposition de l'art. 331 du C. de com. est entièrement conforme aux principes du droit commun. Elle a cependant été l'objet de critiques qui ne nous semblent guère fondées, et qui, dans tous les cas, ne sauraient en aucune façon entraver l'application d'un texte aussi positif.

Art. 2.

De l'action d'avarie.

239. Toutes dépenses extraordinaires faites pour le navire et les marchandises, conjointement ou séparément, tout dommage qui arrive au navire ou aux marchandises depuis leur chargement et départ, jusqu'à leur retour et déchargement, lorsqu'ils ne sont pas toutefois de nature à donner lieu au délaissement, sont réputés avaries (C. com. 377) et donnent à l'assuré l'action de ce nom contre l'assureur.

240. Mais l'action d'avarie *ne peut être* exercée que lorsque l'avarie commune excède un pour 0₁0 de la valeur cumulée du navire et des marchandises, ou bien lorsque l'avarie particulière excède un pour 0₁0 de la valeur de la chose endommagée. (C. com. 408.) Cette disposition placée dans l'ordonnance de 1681, sous le titre *des assurances,* se trouve dans le code sous celui *des avaries.* Ce qui a fait naître la question de savoir si elle s'appliquait à la demande formée par l'un des chargeurs contre ses co-chargeurs et contre le capitaine : nous n'hésitons pas

à dire que cette disposition concerne uniquement les assureurs; si les rédacteurs du code avaient voulu apporter à notre droit maritime une modification aussi importante, ils l'auraient réalisée autrement que par une transposition de texte qui n'a eu pour but que de réunir sous un seul titre ce qui concerne les rapports des assurés et des assureurs: et nous répéterons avec M. Vincens, qu'il serait souverainement inique de décider que dans aucun cas, le chargeur d'un objet sacrifié au bien commun, pût être déclaré sans action contre les autres chargeurs dont les marchandises n'ont dû peut-être leur salut qu'à ce sacrifice.

241. Par l délaissement, comme nous l'avons dit, l'assuré réclame le paiement de la valeur en risque avec abandon du sauvetage: par l'action d'avarie, ou différemment, l'assuré ne réclame comme l'on voit aussi que le paiement du dommage éprouvé par les effets assurés. Il semble cependant que malgré cette différence dans la manière de procéder on doit, dans ces deux cas, arriver à un pareil résultat, puisque dans l un et dans l'autre l'assureur doit réparer l'entier dommage. Nous allons voir qu'il n'en est pas ainsi;

13

la coutume et après elle la loi, ont décidé que l'indemnité devrait consister dans la valeur que l'objet assuré avait au moment de la mise en risque, et non pas dans la valeur que le propriétaire posséderait en cas d'heureuse arrivée, l'objet assuré étant réputé conserver toujours la valeur qu'il avait au départ ; par conséquent s'il y a une perte à subir sur la spéculation, l'assuré trouve dans le sinistre qui lui donne le droit de faire abandon et de réclamer le montant de l'assurance, un moyen de se retirer sans perte de sa mauvaise spéculation et d'en faire retomber le fardeau sur l'assureur. Une autre cause ajoute encore à l'intérêt que l'assuré a presque toujours de faire le délaissement ; c'est la clause des franchises et retenues que l'assureur doit déduire sur les avaries, puisque le délaissement reporte à la charge des assureurs les 5, 10, 15 pour 0[0 que la convention laisse à la charge de l'assuré qui exerce l'action d'avarie. Il y a donc souvent une très grande différence entre les résultats des deux modes de réclamations. C'est ce qui nous engage à traiter ici plus au long ce qui concerne le réglement d'avaries qui, étranger en apparence aux assureurs n'en rejaillit pas moins sur eux dans une foule de cas.

242. L'assuré et l'assureur peuvent faire telles conventions qu'ils jugent à propos sur la manière dont les avaries seront supportées; et à défaut de conventions spéciales entre toutes les parties, les avaries sont réglées conformément aux dispositions du Code de commerce (C.com. 398) qui divise les avaries en deux classes. Dans l'une sont comprises les avaries grosses ou communes, c'est-à-dire celles qui, ayant été souffertes volontairement et dans la vue d'un intérêt commun, sont supportées par les marchandises et par la moitié du navire et du frêt, au marc le franc de leur valeur (C. com. 401), et dans l'autre les avaries simples ou particulières qui sont en général les dépenses faites et le dommage souffert par le navire seul ou les marchandises seules et dans l'intérêt particulier d'un ou de plusieurs propri taires, elles sont supportées et payées par le propriétaire de la chose qui a essuyé le dommage ou occasioné la dépense. C. com. 404.

243. Sont avaries communes suivant le code de commerce, art. 400 : 1° les choses données par composition et à ti-

tre de rachat du navire et des marchandises, 2° celles qui sont jetées à la mer,
3 les câbles ou mâts rompus ou coupés,
4° les ancres et autres effets abandonnés
pour le salut commun; 5° les dommages
occasionés par le jet, aux marchandises
étant dans le navire; 6° les pansement
et nourriture des matelots blessés en dé-
fendant le navire, les loyer et nourriture
des matelots pendant la détention,
quand le navire a été arrêté en voyage
par ordre d'une puissance, et pendant la
réparation des dommages volontairement soufferts pour le salut commun si
le navire est affrêté au mois; 7 les frais
de déchargement pour alléger le navire
et entrer dans un hâvre ou une rivière,
quand le navire est contraint de le faire
par tempête ou poursuite de l'ennemi;
8° les frais faits pour remettre à flot le
navire échoué dans l'intention d'éviter la
perte totale ou la prise, et en général, les
dommages soufferts volontairement et
les dépenses faites après délibération
motivée, pour le bien et le salut commun du navire et des marchandises depuis leur chargement et départ, jusqu'à
leur retour et déchargement. (1)

____

(1) Toutes les fois que les circonstances n'ont

244. Nous ferons d'ailleurs observer auparavant, qu'en matière d'assurances il arrive assez souvent qu'on détermine une certaine quotité jusqu'à laquelle l'assureur n'est tenu d'aucune réparation de dommages ou pertes, ordinairement 5 pour 0¡0. Cette franchise s'exerce alors sur la totalité de l'assurance, bien qu'une partie seulement ait éprouvé des avaries. (Pard. n° 857.) Comme nous avons parlé au chap. 2 de la clause assez habituelle *franc d'avaries*, nous n'aurons pas à y revenir ici. – V. *in fin. Réglement d'avaries.*

245. La disposition finale de l'art. 400 du Code de commerce que nous venons de citer prouve incontestablement que les énonciations qui la précèdent ne sont nullement limitatives; il peut donc se rencontrer une foule de cas, où les avaries devront être rangées parmi les avaries communes ou grosses, uoique cependant elles ne rentrent pas précisément dans l'une des catégories de cet article. Dans l'impossibilité où nous serions de donner des règles bien précises pour discerner ces cas, lors des-

---

pas rendu cette délibération impossible. Pardessus, n. 736; Bordeaux, 28 février 1829.

quels mille circonstances viennent entraver la logique du droit, nous allons rapporter les arrêts assez nombreux que nous avons pu recueillir sur ce point, et les opinions des auteurs qui ont écrit sur la matière.

246. Il n'y a qu'avarie simple quand des corsaires, pirates ou autres, s'emparent de ce qu'ils jugent à propos dans le navire, *sans faire de composition* et abandonnent le reste. (L. 2, § 3, ff. *de leg. Rho.* Delv., t. 2, p. 254 ; V. aussi MM. Dag., Pard.,) Selon M. Boulay-Paty il y a avarie grosse ou commune toutes les fois que le salut d'une partie de la cargaison est dû à la perte de l'autre.

247. Sont avaries communes les frais de séjour et les dépenses faites pour la relaxation du navire capt ré, et encore les gages et nourriture de l'équipage et du capitaine pendant le temps qu'a duré la détention du navire capturé ; mais jusqu'au jour seulement où la prise a été déclarée nulle. Art. 2 tit. 7, ord. 1681 ; Rouen, 2 frimaire an X ; Dalloz, t. 2 p. 199.

248. Pour que le jet ait le caractère d'une avarie commune : il suffit que les motifs qui l'ont déterminé fussent plau-

sibles et présentassent l'apparence d'une utilité commune. Dag. *loc. citat.*

249 .Sont avaries communes, les dommages résultant du forcement de voiles délibéré et opéré pour le salut commun; (Rouen, 3 mai 1827.) L'abandon de la chaloupe ou du canot mis à la mer pour échapper au danger ou donner le change à l'ennemi; la fracture et le jet d'un mât pour le salut du navire quand bien même ce mât eût été déjà fracassé par la mer; (Pard. n°737 et 738.) Les dommages éprouvés par le navire à la suite du déradage opéré à l'approche d'un ouragan; mais seulement ceux qui sont la conséquence immédiate des manœuvres faites pour éviter au navire ou à la cargaison des dommages plus considérables; (Trib. de Marseille, 4 décembre 1820.) Les sacrifices faits volontairement pour éviter un abordage (Aix, 30 décembre 1834.); La rupture volontaire des manœuvres, opérées pour le salut commun en cas d'abordage; (Trib. de Marseille, 24 décembre 1830) Les dommages éprouvés par le navire lors d'un échouement volontaire ou forcé, opéré pour le salut commun, (Poitiers, 2 thermidor an X; Aix, 31 décembre 1824.) Encore bien dans ce der-

nier cas que par les accidens déjà éprouvés la perte ait été imminente au moment où l'échouement a été résolu; Bordeaux, 23 février 1829.) Les dépenses
faites en cas de relâche forcée pour retirer de l'eau, le navire et la cargaison;
(Trib. de Marseille, 28 août 1828.) Le
dommage éprouvé dans un combat par
le navire; (Valin, Poth., Delv., Boulay-
Paty, *vide contrà* Emérigon et Pard.)
Les dommages éprouvés soit par relâche, soit par échouement, lorsqu'une
relâche effectuée dans une rade après
délibération motivée du capitaine et de
l'équipage il survient une tempête qui
nécessite l'entrée dans le port. Rouen,
19 juin 1826;—*contrà* Trib. de Marseille, 28 août 1828; Dalloz, t. 29, 2ᵉ part.
p. 67, et 295 t. 25, 2, 171, t. 2, 201, t. 1ᵉʳ,
p. 409.

250. Des termes restrictifs du § 6 de
l'art. 400 du code de com., il suit que si
le navire est affrété au voyage, les loyer
et nourriture de l'équipage ne sont pas
avaries communes. (Trib. de com. de
Marseille, 2 août 1823; Pard. nº 740;
Dag., t. 4, p. 39.) Contrairement à cette
opinion très rationnelle, selon nous, il
a été jugé par la Cour d'Aix, le 15 février 1828, (V. Dalloz, t. 28, 2ᵉ part.

p. 187) que lorsque le séjour dans un port de relâche est nécessité par le danger, devenu imminent, de tomber entre les mains des pirates, les loyer et nourriture de l'équipage pendant la relâche, doivent être considérés comme des avaries communes, alors même que le navire serait affrété au voyage et non au mois. Cette décision nous semble en opposition manifeste avec la loi.

251. Sont également avaries grosses les frais de déchargement des marchandises mises en magasin et de rembarquement de la cargaison, opérés pour faire au navire les réparations indispensables. Caen, 20 novembre 1828; Trib. de Marseille, 4 décembre 183 ; Dalloz, t. 30 2ᵉ 275; journ. de Marseille 12ᵉ année, p. 5.

Dans ce cas la commission due au consignataire de ces marchandises déchargées ne doit jamais, d'après *les usages*, dépasser 1 pour 0ᵢ0 de la valeur des marchandises. Rouen, 19 juin 1826; Dalloz, t. 29 2ᵉ partie p. 67.

252. Toutes les avaries qui ne rentrent pas dans la classe des avaries grosses ou communes, ne sont nécessairement alors que des avaries particulières; telles

sont entre autres les avaries dont parle l'article 403 du Code de commerce ; 1° Le dommage arrivé aux marchandises par leur vice propre, par tempête, naufrage, ou échouement; 2° Les frais faits pour les sauver; 3° La perte des câbles, ancres, voiles, mâts ou cordages, causée par tempête ou autres accidens de mer; les dépenses résultant de toute relâche occasionée soit par perte fortuite de ces objets, soit par le besoin d'avitaillement, soit par voie d'eau à réparer; 4° La nourriture et le loyer des matelots (1) pendant la détention quand le navire est arrêté en voyage par ordre d'une puissance, et pendant la réparation qu'on est obligé d'y faire si le navire est affrété au voyage ; 5° La nourriture et le loyer des matelots pendant la quarantaine, que le navire soit loué au voyage ou au mois; et en général les dépenses faites et le dommage souffert pour le navire seul, ou pour les marchandises

---

(1) Sous le nom de matelot employé par l'art. 400 du Code de commerce, on comprend généralement toutes les personnes de l'équipage, officiers, mousses ou passagers qui se trouvent dans le navire. V. Delv., Boulay, Pard.;— *contrà* Locré, Dag.

seules, depuis leur chargement et départ jusqu'à leur retour et déchargement.

253. Les dommages arrivés aux marchandises faute par le capitaine d'avoir
bien fermé les écoutilles, amarré le navire, fourni de bons guindages et par
tous autres accidens provenant de la
négligence du capitaine ou de l'équipage sont également des avaries particulières supportées par le propriétaire des
marchandises, sauf toutefois son recours
contre le capitaine, le navire et le frêt.
(C com.406.) Et en cas d'abordage par cas
fortuit, le dommage ne constitue qu'une
avarie particulière. C. com., 407; Delv.,
t. 2, p. 176.

254. Quoique les droits imposés sur
les marchandises ne soient pas avaries,
cependant *si, par fortune de mer,* le navire était contraint de décharger dans
un port où les droits seraient plus forts
que dans celui de destination, l'excédant deviendrait avarie simple. C'est du
moins l'opinion de MM. Delv. et Pard.,
loc. cit.

255. Sont encore avaries particulières
les dommages arrivés, par suite de sa
capture, à un navire sous pavillon neu-

tre, pris par un corsaire. (Rouen, 6 germ. an X, Dal., t 2, p. 200.) Les réparations que nécessite une voie d'eau qui s'est déclarée dans le navire, à moins toutefois que la relâche occasionée par la voie d'eau n'ait été déclarée nécessaire pour le salut commun. Dans ce dernier cas, cette avarie doit être considérée comme commune (Cass., 19 fév. 1834; Dall., t. 1, 129). Cette dernière décision nous semble très controversable.

256. Les avaries particulières sont supportées et payées par le propriétaire de la chose qui a essuyé le dommage ou occasioné la dépense (C. com. 404). Sur ce point il ne peut guère s'élever de difficulté. Il n'en est pas de même des avaries communes, qui, selon les termes de l'art. 401 doivent être supportées par les marchandises dont le prix est établi par leur valeur au moment du chargement (C com., 402), et par la moitié du navire et du frêt au marc le franc de leur valeur.

257. La loi a prescrit certaines formes, indiqué certaines règles, relativement au cas où il y a lieu à contribution, aux clauses qui doivent affecter les assureurs

lors de la contribution ; c'est ce qui nous reste maintenant à examiner. Nous ajouterons seulement auparavant quelques mots sur le *jet* qui constitue un point très important de cette matière, puisqu'il est bien souvent la seule cause de la contribution.

258. Si par tempête ou par la chasse de l'ennemi, le capitaine se croit obligé pour le salut du navire de jeter en mer une partie de son chargement, de couper ses mâts ou d'abandonner ses ancres, il doit prendre l'avis des intéressés au chargement qui se trouvent dans le navire et des principaux de l'équipage; s'il y a diversité d'avis, celui du capitaine et des principaux de l'équipage est suivi (C. com. 410). En cas de partage d'opinions la voix du capitaine serait prépondérante; mais si la majorité s'opposait au jet, ou si les circonstances empêchaient le capitaine de s'accommoder des lenteurs d'une délibération, il pourrait néanmoins y procéder, mais sous sa responsabilité c'est ce qu'on nomme alors le *jet irrégulier*. Pardessus, n. 374.

259. Les choses les moins nécessaires, les plus pesantes et de moindre prix sont jetées les premières et ensuite les mar-

chandises du premier pont au choix du capitaine et par l'avis des principaux de l'équipage (C. com, 411), qu'il n'est pas tenu de suivre cependant. (Pard. 735) Les effets dont il n'y a pas de connaissement ou déclaration du capitaine doivent être jetés avant tous les autres ainsi que ceux placés sur le tillac. C. com. art. 420 et 421.

260. Le capitaine est tenu de rédiger par écrit la delibération, si elle a eu lieu, aussitôt qu'il en a les moyens. Cette délibération doit exprimer les motifs qui ont déterminé le jet, les objets jetés ou endommagés; elle présente la signature des delibérants ou les motifs de leur refus de signer, et est transcrite sur le registre du bord (C. com. 412). Au premier port où le navire aborde, le capitaine est tenu, dans les vingt-quatre heures de son arrivée, d'affirmer les faits contenus dans la délibération transcrite sur le registre. C. com. 413.

261. En cas de jet, mais de jet seulement, et non pas en cas de dommages éprouvés sur un navire lors d'un déradage auquel il a été contraint par la tempête, sans que d'ailleurs il ait été fait aucun jet à la mer, faute par le

capitaine d'exécuter ces formalités, il est non-recevable à exercer contre les chargeurs l'action en réglement d'avaries communes. (Trib. de com. de Marseille 13 janv. 1823 ; 4 déc. 1830, V. Journ. de cette ville, t. 4, p. 29. et t. 12, p. 4 et suiv. ; Dag., t. 4 p. 115).

262. Dans tous les cas, les règles que nous venons de rapporter ne peuvent jamais, selon M. Dageville, (t.4, p. 111) s'appliquer aux capitaines au petit cabotage: tout ce qu'on peut exiger de ces derniers, selon lui, c'est qu'ils fassent un rapport détaillé du jet et des circonstances devant l'autorité compétente; c'est aussi du reste ce qui arrive ordinairement dans la pratique.

263. Quoi qu'il en soit de la manière dont surviennent les avaries communes, nous avons vu qu'elles sont supportées par les marchandises, et par la moitié du frêt et du navire au marc le franc de leur valeur. Mais pour qu'il y ait lieu à contribution, il est nécessaire que les dommages éprouvés, que les sacrifices opérés, l'aient été dans l'intérêt commun; car si par une avarie commune quelconque, le navire n'est pas sauvé, il n'y a plus alors que des avaries simples, et les marchan-

dises ne sont tenues nidu paiement ni du dédommagement de celes jetées ou perdues. C. com. 422 et 423.

264. Si le jet sauve le navire, et si le navire, en continuant sa route, vient à se perdre, les effets sauvés contribuent au jet sur le pied de leur valeur en l'état où ils se trouvent, déduction faite des frais de sauvetage (C. com 424). Mais ceux des chargeurs qui ont tout perdu dans le naufrage, ne peuvent jamais alors être soumis à une contribution, qu'ils soient ou non garantis par un contrat d'assurance, qui n'est qu'un acte tout-à-fait étranger aux co-chargeurs et ne peut nullement leur préjudicier ni leur profiter (Delv., t. 2, p. 259; Pard., n. 743). Suivant Dageville la diminution du nombre des contribuables résultant des pertes occasionées par un second sinistre, ne doit pas avoir pour effet de mettre à la charge des contribuables restans la portion de contribution qui eût afféré aux propriétaires des effets perdus dans le dernier naufrage. C'est là une grave erreur, car ce qui a été sauvé par l'effet du jet ou de l'avarie, doit contribuer au montant des pertes et dommages pour une part d'autant plus grande que les

pertes ou dommages sont plus considé-rables. C. com., 417.

265 En cas de perte des marchandises mises dans des allèges pour entrer dans un port ou une rivière, la contribution est due et la répartition en est faite sur la moitié du navire et du fret et le chargement en entier; tandis qu'au contraire, si le navire périt avec le res-te du chargement, il n'est fait aucune répartition sur les marchandises mises dans les allèges, quoiqu'elles arrivent à bon port. (C. com. 427) Il en serait de même en cas de perte de marchandises placées dans des barques pour les trans-porter à leur consignataire. On sent que le contraire eût été inique, la perte, dans ce cas, n'ayant aucunement eu lieu pour le salut commun.

266. Mais y a-t-il lieu à contribution pour la valeur des allèges? oui, si l'on s'est servi des barques mêmes du navire; non, si elles ont été fournies par un tiers moyennant un fret qui est le prix du pé-ril. Émérigon, ch. 12, sect. 41; Boul. t. 4, p. 585; Pard., n. 744.

267. Sont affranchies de la contribu-tion: les marchandises vendues pour les besoins du navire antérieurement à l'ava-

rie grosse qui l'a nécessitée (Dag. 4. 180; card. 744); les effets jetés pour le salut commun et depuis recouvrés, lorsque l'avarie commune est postérieure au jet (C. Com. 425). Si ces effets jetés ne sont recouvrés par les propriétaires qu'après la répartition faite, ils sont tenus de rapporter au capitaine et aux intéressés ce qu'ils ont reçu dans la contribution, déduction faite soit des dommages causés par le jet ou des frais de recouvrement (C. com. 429), soit d'une part proportionnelle dans les sommes qu'ils doivent rapporter. Poth. n.136; Boul. 4, 587; Pard. n. 751.

268. Les marchandises ne contribuent point au paiement du navire perdu ou réduit à l'état d'innavigabilité. C com. 425 § 2.) Ce § de l'art. 425 a été diversement interprété par les commentateurs. En le rapprochant des art. 400 et 422, nous dirons avec M. Delvincourt qu'il ne peut s'appliquer qu'au cas où la perte ou l'innavigabilité a eu lieu, non pour le salut commun et à l'aide de sabordage, mais seulement par suite de l'usage ou des fortunes de mer. A l'appui de notre opinion, nous pouvons citer encore l'art. 426, suivant lequel, lorsque le navire a été ouvert

en vertu d'une délibération pour en ex-
traire les marchandises, elles doivent
contribuer à la réparation des dommages causés au navire.

269. Sont également affranchis de la
contribution, les munitions de guerre ou
debouche, et les hardes des gens de l'équipage (C. com. 419) matelots, officiers
ou passagers, leurs loyers et même, suivant Dageville et Pardessus, leur *port per-
mis*. (C. com. 304, *contrà* Boulay-Paty,
t 4, p.559). La valeur de ceux de ces objets
qui auraient été jetés, doit être payée intégralement par contribution sur tous les
autres effets. C. com. 419

270. Sont soumis à la contribution s'ils
sont sauvés, quoiqu'ils ne soient pas
payés s'ils sont jetés : 1° Les effets dont
il n'y a pas de connaissement ou de déclaration du capitaine, (420) à moins
toutefois que les marchandises, chargées
à l'insu du capitaine, puis reconnues
par lui ensuite avant le départ, aient
été tarifées pour le fret au plus haut prix
que paient les marchandises de la même
qualité. C. com. 292; Delv., 2, 256.; Dag..
4, 169.) Cependant si les effets dont il n'y a
pas de connaissement sont sauvés, les
assureurs sont tenus de la part de leurs

assurés dans la contribution; s'ils sont perdus, au contraire, ils sont tenus de la perte, mais déduction faite de ce que le chargeur aurait prélevé dans la contribution si le connaissement eût existé. (Delv., t. 2, p. 256 V. *Contrà*, Émérig., chap. 12, sect. 44.) 2° Les effets chargés sur le tillac du navire (C. com. 421): ce chargement étant illicite, le chargeur conserve néanmoins son recours contre le capitaine qui aurait chargé ainsi sans son ordre donné par écrit. (C. com. 229) Du reste, ceci ne s'applique pas à la navigation au petit cabotage si l'on en croit Valin, Locré, Boulay et Dageville: Toutefois la Cour de Rouen a refusé d'admettre cette dernière opinion et a jugé le contraire le 24 janvier 1822. Mais, dans ces cas, les assureurs ne peuvent être tenus de la perte, à moins qu'ils ne se soient chargés de la baratterie de patron. (Dag., Boul., *Loc. cit.*) Delvincourt prétend qu'il faut soumettre les assureurs à payer la somme pour laquelle les effets jetés auraient eux-mêmes contribué, s'ils n'avaient pas été chargés sur le tillac. Cette distinction ne nous paraît guère justifiée, et est contraire aux principes.

271. L'état des pertes et dommages

doit être fait dans le lieu du déchargement du navire (et non ailleurs) à la diligence du capitaine, et par experts nommés par le tribunal de commerce, par le consul de France si la décharge se fait dans un port étranger, et à son défaut par le magistrat du lieu.

272. Les experts ne peuvent procéder avant d'avoir prêté serment.(C.com 414) La Cour d'Aix a décidé le 2 mai 1828, qu'un capitaine de navire étranger pouvait légalement s'adresser au consul de sa nation dans le lieu du déchargement. pour obtenir la nomination d'experts à l'effet de procéder au réglement d'avaries, et que le réglement ainsi fait était obligatoire pour les assureurs français. Malgré les termes généraux de cet arrêt, nous croyons qu'il ne peut s'appliquer qu'aux espèces lors desquelle le réglement aura lieu hors de France. Dalloz, t. 29, 2ᵉ part.,

273. Les marchandises avariées doivent être évaluées (eu égard à l'état où elles se trouvaient lors de l'accident) suivant le prix-courant des marchandises au lieu du déchargement, et leur qualité doit être constatee par la production du connaissement et des factures, s'il y en a. (415) Le fret est fixé d'après les connais-

sements, chartes-parties et autres renseignements qui peuvent y suppléer.

274. Si la qualité des marchandises a été déguisée par le connaissement, et qu'elle se trouve d'une plus grande valeur, elles doivent contribuer sur le pied de leur estimation si elles sont sauvées, et elles ne doivent être payées que d'après la qualité désignée, si elles sont perdues. Si, au contraire, elles sont d'une qualité inférieure à celle qui est indiquée par le connaissement, elles doivent contribuer, si elles sont sauvées, d'après la qualité indiquée par le connaissement, et être payées sur le pied de leur valeur si elles sont jetées ou endommagées C. com. 418). Dans tous les cas il faudrait défalquer du montant de l'estimation le fret que ces marchandises doivent payer. Delv., t. 1, p. 268; Pard. n. 747.

275. La répartition des pertes et dommages sur le montant des valeurs contribuantes au marc le franc, faite par les experts, comme il vient d'être dit, est réndue exécutoire par l'homologation du tribunal de commerce, ou par le tribunal civil qui le remplace; dans les ports étrangers, par le consul de France, ou à son défaut, par tout tribunal

compétent sur les lieux. C. com. 416, § 3.

276. Le capitaine et l'équipage ont pour le montant de ce qui est dû par chaque contribuable, un privilége sur les marchandises ou le prix en provenant. (428) C'est-à-dire, l'équipage pour ce qui lui revient dans la contribution, et le capitaine pour ce qui revient tant à lui qu'aux chargeurs, à qui il est dû indemnité, et dont il est le mandataire légal, sans toutefois qu'il ait pour cela le droit exclusif de retenir les deniers en contribution qu appartiennent à tous les chargeurs avec le même privilége. Emér., ch. 12, sect. 48; Delv., t. 2, p. 171.

277. De ce que nous venons de dire, il ne resulte pas que le réglement d'avaries communes soit un acte étranger au contrat d'assurance, parcequ'il est fait sans le concours des assureurs, car ce réglement n'en est pas moins pour eux un acte inattaquable, s'il a été fait sans fraude, conformément aux dispositions que nous venons de dire, et pourvu toutefois que l'assuré n'ait pas sacrifié des droits certains et évidents. (Pard., n.859. V. Emérig. Mais, d'un autre côté, le réglement d'avaries bien qu'il opère la contribution ne lie l'assureur qu'en ce

qui concerne les bases et les résultats de cette contribution sans modifier aucunement les r pports établis par la police entre l'assureur et l'assuré.

278. Il y a encore une remarque importante à faire relativement à la manière dont l'assureur doit indemniser l'assuré des avaries communes, c'est qu'au lieu d'évaluer le montant des avaries en prenant pour base la valeur des objets perdus ou endommagés au lieu de la décharge (ainsi qu'on doit le faire dans le réglement d'avaries entre les co-chargeurs), il faut, au contraire, entre l'assureur et l'assuré apprécier le dommage comparativement à la valeur des objets assurés au lieu du départ, ou à l'évaluation faite dans la police. Pard., Loc. cit.; Bordeaux, 20 mai 1833; Dalloz t. 33, 2° part., p. 230

279. Malgré cela cependant il ne peut être contraint à contribuer au paiement des frais et avaries, à moins de stipulation contraire, qu'après le réglement qui a été fait entre lui et l'assuré, (Poitiers, 25 juin 1824; Dalloz, t 25, 2° p., pag 80.) Mais il doit à l'assuré l'intérêt des sommes que celui-ci a avancées pour réparation d'avaries, à compter du jour où, au moyen de

ces réparations, le navire a repris le cours de sa navigation. (Bordeaux, 3 déc. 1825; Dalloz t. 28, 2. p. 66.) Les assureurs sur corps sont, en outre, garantis de la contribution du fret dans les avaries communes. Rouen, 7 mai 1823; Aix, 24 juin 1829; Dalloz t. 2, 28 et t. 24 2, 17.

280. Cependant l'assuré n'est pas tenu d'attendre pour intenter l'action d'avarie, le réglement des avaries grosses entre les co-chargeurs, (Bordeaux, 15 déc. 1828,) mais il est loisible à l'assuré d'attendre pour former son action contre l'assureur, qu'il ait été procédé au réglement d'avaries et ce dernier n'a pas le droit d exiger que les pièces constatant les avaries lui soient communiquées avant que ce réglement n'ait eu lieu. Bordeaux, 25 janv. 1831; Dalloz t. 29, 2, 165 et t. 31, 2, 91. (1)

---

(1) En cas d'assurance portant sur la totalité des marchandises, si, pour régler le montant des avaries entre les assurés et les assureurs, un arrêt a pris en considération la valeur que ces marchandises avaient au moment de l'arrivée du navire, si la marchandise eût été saine, et les frais de vente publique, cet arrêt a pu dans son réglement mettre à la charge des assureurs soit la totalité des avaries sans déduction, (avaries résultant du découvert ou de la valeur de la marchandise excé-

281. Enfin nous dirons pour terminer ce chapitre, que l'assuré ne peut cumuler à moins de stipulation expresse et d'ailleurs très licite, l'action en délaissement avec l'action d'avarie: en d'autres termes que l'assureur, en cas de délaissement, n'est point obligé de garantir, en outre, le montant des dépenses occasionées par les sinistres partiels dont la réparation n'a pas été l'objet d'une nouvelle assurance. Poitiers, 8 janv. 1823; Cass. 15 déc. 1830; Dalloz, t. 2, p. 24, t. 23, 1, 3, et t. 31, 1, 17.

CHAPITRE IV.

Obligations de l'assureur et des exceptions qu'il peut opposer à l'assuré.

282. Les obligations de l'une des parties au contrat d'assurance sont toujours la conséquence des droits de l'autre partie, nous l'avons démontré au chapitre précédent; nous avons traité fort au long, dans ce chapitre, *des droits de l'assuré*, nous nous contenterons d'y ren-

---

dant l'assurance,) soit la totalité des avaries, sans violer les art. 397 et 409. C. com. Cass., 21 avril 1830; Dalloz, t. 32, 1ʳᵉ p. 70.

voyer ici sans entrer de nouveau dans l'examen des obligations de l'assureur, qui n'étant en quelque sorte que les corrélatifs de ses droits, ont été pour nous l'objet d'une étude nécessaire lorsque nous avons examiné comment devaient être exercés ces derniers.

283. Il ne nous reste donc que quelques mots à ajouter relativement aux actions de l'assureur.

284. La principale de ces actions est sans contredit celle qui a pour but d'arriver au paiement de la prime, mais comme elle dépend des conventions, et qu'il n'y a point de règle particulière pour l'exercer, nous n'en dirons rien ioi. C. civ. 1101 et suiv.

285. L'Assureur pourrait encore avoir à agir contre l'assuré, s'il avait à demander la nullité de l'assurance, pour défaut de forme, par exemple, ou parceque l'assuré était présumé savoir à l'instant de la signature du contrat que les choses assurées avaient péri, mais généralement l'assureur n'a aucun intérêt à exercer une action par voie principale, c'est pourquoi l'on peut dire qu'il n'a presque jamais que des exceptions à faire valoir.

Pour ne pas trop fractionner nos développements et éviter des répétitions inutiles, nous avons réuni ce que nous avions à dire à ce sujet dans le chapitre où, en traitant du ristourne, nous avons examiné comment les faits allégués par l'assuré qui intente une action en délaissement ou une action d'avarie doivent être prouvés et les exceptions que l'assureur peut alors lui opposer; voir chap. 5, et chap. 6 où nous parlerons des prescriptions et fins de non-recevoir.

CHAPITRE V.

Du Ristourne, ou résolution du contrat d'assurance.

286. L'un et l'autre des contractants, selon qu'ils y ont intérêt et sauf certaines modifications, peuvent invoquer le ristourne soit par exception à la demande en délaissement ou en paiement d'avaries, soit par action en rescision, soit encore avant la fin du risque par action en réduction, soit e fin par action en répétition pour paiement de la prime fait sans cause.

287. Le contrat d'assurance, dit M. Pandessus, n'ayant pour objet que de réparer une perte, il manque dans son objet es-

sentiel si les choses assurées n'ont pas été exposées à des risques maritimes: si cette condition n'est pas accomplie le contrat doit donc être annulé; en second lieu le contrat d'assurance est de droit strict, la plus légère circonstance peut influer sur la détermination de l'assureur, et par conséquent la moindre dissimulation doit rendre ce contrat nul.

288. Ainsi le ristourne a lieu pour absence totale ou partielle de risque, ou pour déclaration fausse ou inexacte Ce sera la matière des deux premiers paragraphes de ce chap. Dans le troisième nous traiterons du cas où l'on peut faire annuler le contrat sur ce qu'on aurait assuré des choses qui ne peuvent être l'objet d'une assurance; et dans le 4° de ceux ou la résolution du contrat d'assurance peut résulter de l'insolvablité de l'assureur où de l'assuré.

§ 1er *Du ristourne pour absence totale ou partielle de risques.*

289. En règle générale, il ne peut pas être facultatif à une partie de ne pas exécuter le contrat qu'elle a souscrit, mais le contrat d'assurance étant nécessairement subordonné à l'expédition, on ne peut

supposer que ce soit pour rompre le contrat accessoire qu'on renonce à l'affaire principale; c'est pourquoi la loi (art. 349) pose en principe que « si le voyage est rompu avant le départ du vaisseau, *même par le fait de l'assuré,* l'assurance est annulée. » Mais comme il est juste d'accorder aux assureurs une indemnité pour les soins qu'ils ont été obligés de prendre à l'égard de cette affaire, le même article ajoute : « L'assureur reçoit alors à titre d'indemnité , *demi pour cent* de la somme assurée. »

290. Il est unanimement admis parmi les auteurs que la rupture du voyage arrivée après que le risque a commencé à courir fait acquérir la prime entière à l'assureur. A cette occasion nous ferons remarquer qu'il ne faut pas prendre à a lettre ces mots de l'art. 349 : « Si le voyage est rompu avant le départ du vaisseau », parceque le législateur n'a pas entendu parler du départ réel, mais bien du *commencement du voyage assuré;* en effet, dans une assurance faite avec la clause de toucher ou faire échelle, l'assurance commence quelquefois à courir, par suite de la convention des parties, d'une époque déterminée et postérieure au dé-

part; ou bien, quand le navire est arrivé à telle hauteur, à telle mer, à telle partie de mer: bien plus, pour les marchandises, les risques des assureurs commencent, de droit et sans stipulation avant qu'on ait mis à la voile, et à partir du jour où elles ont été chargées dans le navire ou dans les gabarres pour les y porter (C. com. 328 et 341). Dès lors donc que l'objet assuré a été un seul instant en risque pour le compte des assureurs la prime entière leur est acquise, et il n'y a pas de réduction possible.

291. On est dans le cas du voyage rompu quand, avant le départ, le navire prend ses expéditions pour un lieu autre que celui qui lui est destiné par la police, quand même ce lieu serait plus près. Bordeaux, 3 fév. 1819; Dalloz, t. 9, 1re part., p. 147.

292. Lorsque la route à suivre pour la nouvelle destination est la même au commencement du voyage que celle conduisant au lieu indiqué dans la police, il faut surtout recourir aux expéditions prises par le capitaine pour décider si le voyage a été entièrement changé ou s'il n'a été rompu que depuis le départ. (Emérig. chap. 13, sect. 11; Pard. n. 872);

toutefois la Cour d'Aix a jugé le 23 déc. 1819 qu'il n'y a pas rupture de voyage lorsque le capitaine a pris ses expéditions pour un point intermédiaire sur la route directe du voyage assuré, et s'est rendu ensuite dans celui désigné pour terme du voyage. Dalloz, t. 2, p. 744.

293. L'administration maritime contraignant les capitaines au petit cabotage à prendre des expéditions pour chaque lieu d'échelle, les principes qui ont motivé l'arrêt de la Cour d'Aix doivent surtout militer en leur faveur. Dag. t. 3, p. 246. V. *contrà* Estrangin, p. 475.

294. De ce qu'on peut ne faire assurer qu'une portion du voyage, s'en suit-il que lorsque le voyage de l'assuré doit se terminer à un point d'échelle, la circonstance que le capitaine a pris ses expéditions pour un point plus éloigné doit suffire pour faire présumer la rupture du voyage? Oui, selon M. Dageville, pourvu que l'assurance ne oit pas faite à prime liée t. 3, p. 248 et 251); non selon Estrangin, (*loc. cit.*). L'une et l'autre de ces décisions nous paraissent bien absolues dans une question où les faits devront presque toujours avoir une influence décisive; à l'appui de notre ob-

servation, nous citerons un jugement du tribunal de Marseille du 23 juillet 1825, qui tout en approuvant le sentiment d'Estrangin, laisse pressentir qu'en l'absence des autres faits de la cause, la solution du procès aurait pu être différente.

295. L'indemnité de demi pour cent remplace la prime, et, comme celle-ci, elle peut être répétée si on l'a payée indûment.

296. Potier (n. 187) soutient à tort que lorsque ce n'est pas par la faute de l'assuré que le contrat d'assurance n'a pas eu son exécution, les assureurs ne peuvent prétendre obtenir *le demi pour cent*. Emérigon, t. 2, p. 197 a dit à l'occasion de cette opinion de Pothier : « Je crois que cet auteur se trompe. » La rédaction de l'article correspondant de l'ordonnanee de 1681 était la même que celle de l'art. 349 de notre C. de com.; nous reproduirons donc cette observation d'Emérigon. comme nous paraissant la seule conforme aux principes du contrat d'assurance et au sens grammatical de la loi. C'est aussi l'avis de M. Boulay.

297. La condition indispensable pour la validité de tous les contrats, c'est que

leur exécution soit une chose humainement possible pour les contractans, la force majeure annulle donc l'assurance, mais alors il faut, pour que cette annullation ait lieu, que cette force majeure empêche absolument le voyage assuré. Pardes. n. 873; Delv. t. 2, p. 370.

298. Il y a cependant une exception à cette règle, lorsque le voyage est rompu par suite d'arrêt de prince avant le voyage commencé, ou d'interdiction de commerce, avant la même époque, avec l'état dans lequel se trouve le point de destination (arg. de l'art. 276 C. de com.; Dag. t. 3, p. 475). On sent trop l'équité d'une pareille exception pour que nous ayons à la justifier.

299. Du principe que nous venons de rappeler on peut encore conclure que les assureurs n'ont pas de demi pour cent à réclamer s'ils ont été instruits du vice de l'assurance; s'ils ont sciemment assuré au preneur le capital des deniers empruntés à la grosse; s'ils ont assuré le profit espéré des marchandises, etc.

300. Lorsque dans l'ignorance du sinistre majeur que ses marchandises ont éprouvé dans le voyage d'aller, un négociant fait de nouvelles assurances sur

les marchandises qu'il attend en retour, il peut rendre ces dernières assurances nulles pour défaut de cause, et sans être passible d'aucune indemnité, en faisant aux assureurs d'entrée le délaissement dont l'effet rétroactif fait réputer l'assuré dépouillé depuis le sinistre, de la propriété des choses délaissées. Trib. de Marseille, 19 juin 1836 ; journ. de Marseille, t. 7, p. 175.

301. Quand la police permet expressément au capitaine de faire un ou plusieurs voyages intermédiaires dans des mers désignées avant son départ pour le lieu indiqué comme terme du voyage principal, cette clause comprend généralement la faculté de faire entreprendre au navire, dans les limites de temps fixées, tel voyage que l'armateur trouvera bon, lors même que ce voyage intermédiaire serait plus long que le voyage principal, tous les moyens de nullité qui pourraient être invoqués se trouvant suffisamment repoussés par la généralité des termes de la police. Trib. de com. de Marseille, 24 nov. 1830.

302. Selon M. Pardessus, n° 173, le ristourne du voyage par défaut de chargement ne peut être demandé ni par

l'assuré qui a déclaré dans la police avoir lui-même chargé les marchandises, ni par le porteur d'une police d'assurance *pour compte de qui il appartiendra*, puisqu'il serait obligé, pour agir, de présenter un connaissement dont il ne serait pas recevable à attaquer la véracité.

303. Cette opinion ne nous semble pas devoir être admise d'une manière aussi générale ; car les polices ne se font pas toujours au lieu de l'expédition du navire, et l'assuré peut commettre des erreurs qui ont autant de droits à une rectification que celles des assureurs.

304. Après l'heureuse arrivée du navire à une destination autre que celle indiquée par la police, l'assuré est-il *toujours* admissible à demander le ristourne en se fondant sur les termes de l'art. 349? Non, selon M. Pardessus, si l'assuré présent au port de départ du navire l'a lui-même et sciemment expédié pour un voyage autre que celui assuré. Cette décision paraît assez conforme à l'équité, cependant le droit qu'aurait l'assureur lui-même en cas de sinistre d'invoquer le ristourne et l'obligation où serait alors l'assuré de payer le 1/2 p 0/0 nous font rejeter la distinction établie par M. Par-

dessus, n° 873. La cour de Rennes a jugé le 17 août 1825. que l'assuré ne pouvait sous prétexte d'erreur de son fait être admis à changer l'estimation des choses assurées après que tout est consommé par l'arrivée ou le désastre du navire.

305. Une autre conséquence de ce que nous avons dit, c'est que s'il existe plusieurs contrats d'assurance faits sans fraude sur le même chargement, et que le premier contrat assure l'entière valeur des effets chargés, il subsistera seul et les assureurs qui ont signé les contrats de subséquence sont libérés et ne reçoivent que 1/2 p. 0/0 de la somme assurée, mais répondent de l'excédant en suivant l'ordre de la date des contrats, si l'entière valeur des effets chargés n'est pas assurée par le premier contrat.

506. Cependant si ces assurances de dates successives avaient été contractées pour des parties aliquotes, la réduction ne s'opérerait pas de même. Exemple : Assurance de la *moitié* du chargement évalué 100,000 fr. ; autre d'un *quart* évalué 50,000 fr., et enfin d'un troisième d'un *quart* évalué aussi 50,000 fr., ensemble 200,000 fr. La valeur du chargement n'est que de 150,000 fr. : 50,000

francs de. différence; sur quelle police devra porter le ristourne. Sur la dernière en date? Non. Mais sur toutes, parce que ces assurances ont plutôt été faites sur une *part* du chargement, que sur une somme déterminée; parce que l'exagération n'a pas été dans le nombre d'une des polices, mais dans l'évaluation qu'on a portée dans chacune d'elle, qui n'avait pour objet que de traiter d'une quotité, c'est-à-dire de moitié ou du quart.

307. Il arrive souvent que le contrat d'assurance est fait postérieurement au jour du départ du navire et au moment où il est déjà soumis aux risques de la navigation; l'assurance alors serait valable quand bien même le navire serait perdu corps et biens au moment de la signature du contrat. Le Code de commerce déroge sur ce point, dans le but de favoriser le contrat d'assurances au droit commun selon lequel l'assurance faite après la perte des objets devrait être radicalement nulle, parce qu'au moment où le contrat a été passé, la chose qui devait en être la matière n'existait plus.

308. Mais du moment où l'assuré connaît cette perte, la chose n'existe plus pour

lui, et l'assurance qui ne serait qu'un moyen de bénéficier doit être annulée.

309. Bien souvent il serait impossible à l'assureur de prouver la connaissance qu'avait l'assuré de la perte du navire. La loi a donc dû venir à son aide pour empêcher que la mauvaise foi de l'assuré ne soit pour ce dernier un moyen de lucre. D'un autre côté il ne fallait pas que la connaissance qui serait survenue à l'assureur de l'arrivée heureuse d'un navire, pût lui servir à faire un gain certain et par conséquent illicite, en induisant en erreur le propriétaire de ce navire qui n'aurait pas encore reçu la nouvelle de cette arrivée. Tel est le but des dispositions de l'art. 365 du Code de commerce où on lit : « Toute assurance faite après la perte ou l'arrivée des objets assurés, est nulle s'il y a présomption qu'avant la signature du contrat, l'assuré a pu être informé de la perte, ou l'assureur de l'arrivée des objets assurés (C com. 365). La présomption existe si en comptant trois quarts de myriamètres (une lieu et demie) par heure, sans préjudice des autres preuves, il est établi que de l'endroit de l'arrivée ou de la perte du vaisseau, ou du lieu où la

première nouvelle est arrivée, elle a pu être portée dans le lieu où le contrat d'assurance a été passé avant la signature du contrat (C· com. 366).

Si cependant l'assurance est faite sur bonne ou mauvaise nouvelle (ce qui en pratique est très fréquent), la présomption mentionnée dans les articles précédens n'est pas admise, le contrat n'est annulé que sur la preuve que l'assuré savait la perte, ou l'assureur l'arrivée du navire, avant la signature du contrat.

310. Mais cette fraude constituant un véritable délit, il ne suffisait pas d'annuler le contrat comme dans les cas ordinaires de ristourne, il fallait encore punir la mauvaise foi et indemniser la partie trompée; c'est ce que décide l'article 368 C. com. En cas de preuve contre l'assuré, celui-ci paie à l'assureur une double prime; en cas de preuve contre l'assureur, celui-ci paie à l'assuré une somme double de la prime convenue, et celui d'entre eux contre qui la preuve est faite est poursuivi correctionnellement.

311. De nombreuses difficultés se sont élevées sur l'application des articles 366, 367, et 382 de notre Code. Nous

allons rapporter ici d'après les auteurs et la jurisprudence la solution des plus importantes. Nous ferons toutefois observer auparavant : 1° Que la présomption de droit dont il s'agit est exclusive de la preuve contraire; (C. civ. 1352; Dag., t. 3, p. 343;) 2° Que l'heureuse arrivée du navire doit être constatée par le rapport que le capitaine doit faire conformément à l'art. 2 du code de commerce et celle de la perte par le procès-verbal qui doit être rédigé aux termes de l'art. 246 par l'interrogatoire des gens de l'équipage; 3° et que dans le cas où tout l'équipage a péri, on ne peut plus compter que depuis l'heure où la nouvelle est arrivée dans un lieu d'où elle ait pu se répandre.

312. L'époque de la connaissance du sinistre ou de l'heureuse arrivée se détermine en calculant une lieue et demie par heure du lieu *à quo* au lieu *ad quem*. (Aix, 28 juin 1813; Dalloz, t. 2 p. 59.)

313. De ces mots de l'art. 366, *sans préjudice de toutes autres preuves*, il résulte, lorsque l'assurance n'est pas faite *sur bonnes ou mauvaises nouvelles*, qu'alors même qu'il ne se serait pas écoulé assez de temps depuis l'événement

pour donner lieu à la présomption établie par cet article , cependant la partie qui avait intérêt à faire annuller le contrat doit être recevable à prouver tant par titres que par témoins, et même par le serment du défendeur (car il s'agit de fraude), que l'autre partie connaissait l'événement au moment du contrat. Emérigon, chap. 15, sect. 4, § 3; Valin sur l'art. 39; Delv., t. 2, p. 77; Pardessus, n. 785.

314. Il n'est pas indispensable, disent les mêmes auteurs, pour l'annullation du contrat, que la partie qui la requiert produise une preuve mathématique de la connaissance qu'elle suspecte à l'autre de la perte ou de l'arrivée de l'objet assuré, une certitude morale suffit, comme dans le cas, par exemple, où le fait aurait été publiquement connu dans la ville où réside la partie accusée de fraude. V. notamment Dag. t. 3, p. 345.

315. Lorsqu'il est constant qu'une police *close après midi* a été signée entre 10 et onze heures du matin, la connaissance arrivée à l'assuré après midi de la perte de l'objet assuré ne donne pas lieu à l'annullation, si l'assureur ne prouve pas que la perte était connue de

l'assuré ou au moins de notoriété publique avant la signature de l'assurance. Trib. de com. de Marseille, 16 décembre 1830; journ. de cette ville, 11ᵉ année, p. 308.

316. L'assurance faite par un commissionnaire qui connaissait l'événement, lors de la signature de la police, serait nulle quand même le commettant eût ignoré cet événement; mais alors la prime serait due par le commissionnaire. Dans le cas où il eût été connu du commettant et non du commissionnaire le contrat serait également nul, mais la double prime serait due alors par le premier, quand bien même le commettant eût ignoré la perte au moment où il a donné l'ordre d'assurer, s'il l'avait appris depuis, assez à temps pour révoquer le mandat. (Arg. des art. 348, 368 et 374 du C. de com. ; Estrangin, p. 454; Dag. t. 3, p. 348,) V. au t. 7 du journ. de Marseille, p. 89. un jugement en ce sens; mais l'assurance faite par un commissionnaire avant la réception de la lettre par laquelle, à la nouvelle de l'événement, le commettant aurait sur-le-champ révoqué le mandat, serait très valable. Valin sur l'art. 40; Emérigon, chap. 15, sect. 8; journ. de Marseille, t. 7, p. 100..

317. Dans le cas où le contrat n'est annullé que par suite de la présomption légale, la peine prononcée par l'art. 368 ne doit pas avoir lieu (Poth. n. 24 : Delv., t. 12. p. 214 ; mais la peine est toujours applicable si l'une des parties parvient à prouver la mauvaise foi de l'autre. Delv. *loc. cit.*

318. La poursuite correctionnelle autorisée par l'art. 368 ne peut être exercée que par le ministère public, et non par la partie lésée, selon M. Dageville (t. 3, p. 351) dont nous embrassons tout-à-fait l'opinion. Mais cette action ne peut avoir lieu qu'après la preuve de la fraude faite (C. com., art. 368), c'est-à-dire qu'après l'action civile. M. Boulay-Paty décide le contraire, à tort selon nous. Du reste, il ne motive guère cette opinion.

§ 2. *Du ristourne pour déclarations fausses ou inexactes.*

319. Le contrat d'assurance étant, comme nous l'avons vu, de droit strict, la faculté de demander le ristourne appartient à l'assureur et à l'assuré ; mais lorsque celui-ci est de mauvaise foi, l'assureur seul peut invoquer le ristourne. Lorsqu'il y a fraude de la part de l'un et

de l'autre, ils sont également non recevables à l'invoquer, par action principale, mais ils peuvent tous deux l'opposer, par exception à celle-ci. Enfin, lorsqu'il y a seulement erreur de la part de l'assuré, le droit de l'invoquer est réciproque. (Pardes. n. 875). C'est ce qui doit être décidé d'après notre code de commerce où on lit : Un contrat d'assurance ou de réassurance consenti pour une somme excédant la valeur des effets chargés(c'est-à-dire excédant le prix courant au temps et au lieu du chargement y compris les droits payés et les frais faits jusqu'à bord.) est nul à l'égard de l'assuré seulement, s'il est prouvé qu'il y a dol ou fraude de sa part (C. com. art. 357 et 339);s'il n'y a ni dol ni fraude, le contrat est valable jusqu'à concurrence de la valeur des effets chargés, d'après l'évaluation qui en est faite ou convenue. En cas de perte les assureurs (dans le cas bien entendu où il y a eu plusieurs assurances successives) sont tenus d'y contribuer chacun à proportion des sommes par eux assurées, et ils ne reçoivent pas la prime de cet excédant de valeur, mais seulement l'indemnité de demi pour 0\0. C. com.art. 358.

320. La cour d'Aix a jugé, le 2 juillet

1826, qu'une évaluation exagérée dans les marchandises assurées ne suffisait pas pour vicier le contrat, et élever contre l'assuré une exception de fraude, surtout si dans le cours de l'instance l'assuré avait réduit sa demande à la valeur réelle des objets assurés. Dalloz, t. 28, 2ᵉ part., p. 7; V. aussi un arrêt de la cour de Bordeaux, du 20 août 1835. *Annales*, t. 2, p. 33.

321. M. Dageville (n° 247) prétend qu'on ne peut revenir sur l'évaluation des assurances de navires, qu'autant qu'il y a eu fraude personnelle de la part de l'assuré, et qu'on ne peut demander le *ristourne* pour les marchandises, que si l'erreur peut être démontrée par la seule comparaison du cours légalement établi. Nous ne pouvons admettre cette double solution. L'exagération de l'évaluation à l'occasion du navire doit être aussi bien rectifiée que celle au sujet des marchandises, et les difficultés que cela présente ne sont pas des raisons suffifantes pour permettre aveuglément à un assuré de s'enrichir aux dépens de l'assureur. — Quant aux marchandises, du fait que pour la plupart du temps rien n'est plus vague que leurs prix courants, et que d'ailleurs il n'y a pas de loi qui

limite à ces *prix courants* les renseignements à fournir à la justice, ressort pour nous l'impossibilité de revenir sur cette évaluation, qu nd elle ne présente pas de présomption de dol ou de fraude.

322. Emérigon, chap. 9, sect. 5, a soutenu que la stipulation *d'év luation de gré à gré, ou vaille que vaille,* empêchait la demande en réduction; Pothier n'était pas de cet avis. Un jugement du tribunal de commerce de Marseille a jugé que cette opinion n'était conforme ni aux principes, ni à la morale, ni à la loi; que le contrat d'assurance n'était qu'un moyen de conservation, et que l'évaluation de *gré à gré* ne devait être maintenue qu'autant qu'elle n'excédait pas des bornes raisonnables. Ce jugement et ces motifs ont été confirmés par un arrêt de la cour d'Aix, du 24 mars 1830. Nous ajouterons aux raisons de la Cour d'Aix que l'assuré n'a pas autant de latitude que l'assureur pour demander ces réductions; en effet, l'un a besoin qu'on lui subvienne, parcequ'il a agi de confiance, l'autre est loin de se trouver dans une situation aussi favorable.

323. Selon M. Delvincourt, t. 2, p. 556, l'assureur qui fait annuler le contrat dans

le cas de l'art. 357 ne peut point exiger
l'indemnité de demi pour cent que la loi
lui accorde dans le cas de l'art. 358. Valin
(sur l'art. 22) était d'un avis contraire.

324. En général c'est à l'assureur qui
allègue le dol à le prouver, (C. civ. 1116.
Delv. *loc. cit.*) et la preuve du dol ne
résulterait pas suffisamment de ce que les
objets assurés, délaissés aux assureurs
pour cause de prise, n'auraient, après la
restitution faite par le capitaine, été ven-
dus au lieu de leur destination, que pour
une somme moitié moindre que celle à laquelle ils étaient évalués dans la police.
(Trib. de Marseille, 6 septembre 1824,
jour. t. 1, p. 213.) Mais il serait toujours
présumé suivant M. Pardessus, n. 877,
contre celui qui, ayant fait assurer des objets déjà affectés à un prêt ou déjà assurés n'aurait pas fait la déclaration prescrite par l'art. 379 C. de com.

325. En cas d'existence simultanée
d'un contrat à la grosse et d'un contrat
d'assurance sur un chargement insuffi-
sant, le ristourne se réglerait de la même
manière que dans le cas de concours de
deux assurances.

326. Quelquefois l'assurance est faite
avec clause que les risques ne commen-

ceront à courir qu'après un certain délai; cette assurance ne devra-t-elle pas être annullée, si, avant l'expiration de ce délai, les objets assurés avaient souffert des avaries telles que leur perte était devenue certaine, bien que dans le fait cette perte ne soit arrivée que depuis l'échéance du délai dont il s'agit? Oui, dit M. Pardessus, n. 883. Cette opinion est peut-être controversable ; cependant nous sommes entièrement de cet avis, par cette raison qu'il n'est pas présumable que l'assureur ait jamais. pour une prime nécessairement très-inférieure à la valeur des effets assurés, voulu garantir le paiement d'objets dont la perte était inévitable.

327. Du reste, il est très important pour l'assuré de faire le contrat loyalement, car toute réticence, toute fausse déclaration de sa part, dit le Code de commerce, art. 348, toute différence entre le contrat d'assurance et le connaissement qui dénatureraient l'opinion du risque ou en changeraient le sujet, annúlleraient l'assurance. Elle est nulle même dans le cas où la réticence, la fausse déclaration ou la différence, n'auraient pas influé sur le dommage ou la perte de l'objet assuré.

328. L'appréciation des faits constitutifs de la réticence ou fausse déclaration de la part de l'assuré, qui, aux termes de l'article précité, annulle le contrat d'assurance, appartient souverainemeut aux tribunaux de commerce et aux juges d'appel. (Cass., 21 décembre 1836, Dalloz, t. 27, 1re part., p. 99). Cette doctrine généralement admise aujourd'hui, mais long-temps contestée autrefois, nous engage à rapporter ici la plupart des décisions intervenues sur ce point important de notre droit maritime.

329 Le défaut de déclaration qu'un navire est armé en guerre retirerait action à l'assuré quand même le navire aurait péri par suite non d'un combat, mais d'une tempête, quoiqu'il ne soit pas nécessaire d'indiquer le nombre d'hommes et de canons : il n'y aurait pas davantage action contre les assureurs si les déclarations faites à cet égard dans la police étaient fausses.

330. M. Dalloz extrait d'un arrêt de la cour d'Aix, du 9 janvier 1827, que la réticence sur le fait que le navire est destiné à faire la contrebande n'annulle pas le contrat, si le navire vient à périr par naufrage. Cette doctrine ne nous pa-

rait pas ressortir expressément de cet arrêt, qui nous semble plutôt un arrêt d'espèce qu'un arrêt de principe ; nous pensons, quant à nous, que c'est là une réticence qui diminue l'opinion du risque, car il est incontestable que la navigation d'un navire contrebandier est moins franche que celle d'un autre, et l'expose nécessairement à plus d'accidents maritimes. L'art. 384 du Code de commerce indique que l'assurance est nulle, même quand la réticence n'a pas influé sur le dommage ou la perte de l'objet assuré ; pourquoi déciderait - on autrement quand l'objet de la réticence peut avoir été la cause du dommage?

331. L'omission de la déclaration que l'assurance faite sous le nom d'un neutre et pour le compte d'un belligérant constituerait, nonobstant la clause *pour compte de qui il appartiendra*, une réticence capable d'annuller le contrat, si elle avait influé sur l'opinion du risque. Bordeaux, 18 février 1823; Dalloz, t. 2, p 64.

332. L'assuré ne peut être admis à prouver qu'il avait verbalement donné connaissance à l'assureur des circonstances non déclarées, lorsque, *des ter-*

mes de la police, il résulte la preuve que ce dernier avait été laissé dans l'ignorance de ces circonstances. C. com., 1341.

333. Il y a réticence de la part de l'assuré, qui, sachant au moment de l'assurance, que deux navires, partis quatre jours après le sien, d'un lieu désigné dans la police, étaient arrivés depuis deux jours au même lieu de destination, n'a pas instruit les assureurs de cette circonstance, lorsque d'ailleurs un court trajet sépare le lieu du départ de celui de la destination. C. com., 348; Aix, 9 fév. 1830; Dalloz, t. 38, 2ᵉ part., p. 232.

334. La réticence sur le fait du départ du navire assuré peut être une cause de nullité de l'assurance quand même l'assuré alléguerait que l'assurance ayant été passée au lieu même d'où le départ s'est effectué, l'assureur a dû en être instruit. Trib. civ. de Marseille, 19 juil. 1819; Journ. de cette ville, t. 1ᵉʳ, p. 29.

335. L'assuré qui se borne à déclarer dans la police que le navire pour lequel il prend l'assurance, est de relâche dans un port, sans déclarer en même temps qu'il était mouillé en haute mer, que son ancre avait chassé et que le mauvais

temps avait occasioné sa relâche forcée, commet une réticence qui, même en l'absence de mauvaise foi, annulle l'assurance. Bordeaux, 7 avril 1830; *Annales*, t. 1, p. 229.

336. La réticence de celui pour compte de qui l'assurance a été faite, soit sur le fait du départ antérieur du navire, soit sur la circonstance que la peste était à bord du navire lors du chargement, est une cause de nullité, encore bien que ces événements fussent ignorés de ceux par qui l'assurance a été faite. Trib. de Marseille, 21 fév. 1821, 20 fév. 1824; journ. de cette ville, t. 3, p. 33 et t. 5, p. 33.

337. L'assuré, défendeur à la demande en nullité de l'assurance pour cause de réticence sur le départ antérieur du navire, n'est pas recevable à prouver que la lettre d'ordre, contenant mention de ce départ, a été, lors du contrat, communiquée aux assureurs. Trib. de comm. de Marseille. Dagev., t. 3, p. 257.

338. Il n'est pas nécessaire que l'assuré fasse connaître aux assureurs sur le navire seulement ce que le navire est destiné à transporter, si d'ailleurs l'assuré ne se livre à aucun commerce illi-

cite. Rouen, 9 mai 1823; Dalloz, t. 2, p. 63. et t. 22, 2ᵉ p. art; p. 142.

339. Ces mots : *destiné à la pêche de la baleine à la côte du Brésil et dans les baies,* employés dans une police d'assurance, doivent s'entendre non-seulement des baies du Brésil, mais encore de toutes les baies d'Afrique. Cette clause étant sanctionnée et expliquée par l'usage, on peut dire, quelque obscure et incomplète qu'elle soit grammaticalement parlant, qu'elle ne contient ni réticence, ni dissimulation. Cass., 19 mai 1824; Dalloz, t. 2, p. 71.

340. On doit considérer comme non écrite, pour cause de réticence, la clause par laquelle les assureurs prennent à leur charge le vice propre de la marchandise assurée, s'il est prouvé qu'au moment du contrat les assurés savaient et les assureurs ignoraient que les marchandises de même espèce et de même provenance fussent atteintes en général d'un vice propre, qui devait nécessairement les exposer à une détérioration considérable pendant le voyage. Trib. de Marseille, 3 nov. 1830; Journal de cette ville, 11ᵉ année, p. 297.

341. D'après M. Pardessus, n. 733,

l'assurance souscrite sur bonnes ou mauvaises nouvelles par l'une des parties, au moment où elle a reçu la *fausse* nouvelle de la perte ou de l'arrivée du navire, doit être annulée de même que si la nouvelle reçue eût été véritable, cette omission constituant une véritable réticence.

342. La Cour de Paris a jugé le 29 av. 1831 que lorsque l'assurance a été faite sur bonnes ou mauvaises nouvelles, le long intervalle écoulé entre le jour du départ du navire et celui où l'assurance a été faite ne suffit pas pour établir contre l'assuré en faveur des assureurs l'exception de fraude et de réticence, laquelle ne pouvait l'être que par la preuve certaine que l'assuré savait la perte au moment où il a signé le contrat.

343. Le réassuré qui n'a pas fait connaître aux réassureurs les bruits, même vagues, qui couraient sur la perte du navire assuré, à l'époque du contrat et dont il avait connaissance, a commis une réticence qui peut être une cause d'annulation de l'assurance. C. comm., 343; Aix, 8 oct. 1813; Dalloz, t. 2, p. 63.

344. L'assuré qui déclare aux assureurs que le navire qu'il fait assurer n'est

parti que depuis quatre à cinq jours, quand il l'est depuis onze jours, commet une véritable réticence, qui occasione la nullité du contrat, lorsqu'il est évident que cette réticence a influé sur l'opinion du risque. Ordonn. de 1681, art. 39 et 40; Bordeaux, 4 fruct. an VIII; Dalloz, t. 2, p 61.

345 Est nul, pour cause de réticence, le contrat de réassurance dans lequel les réassurés laissent ignorer aux réassureurs que le navire objet de la convention comptait, à l'époque du premier contrat, 83 jours de navigation. Aix, 17 juillet 1829; Dalloz, *loc. cit.*

346. L'assuré qui sait que le navire sur lequel porte l'assurance est parti depuis plus de deux mois et demi, et que depuis le départ le capitaine n'a pas donné de ses nouvelles, quoique le voyage du navire ne dût être, d'après les calculs ordinaires, que de six semaines, commet une réticence qui annule le contrat, lorsqu'il ne déclare pas ces circonstances à l'assureur, et la clause sur bonnes ou mauvaises nouvelles ne couvre pas cette réticence. (C. com. 348; Aix, 14 avril 1821 ; Dalloz *loco cit.*) — Le même arrêt a décidé que le taux

de la prime qui embrasse les risques de guerre ne peut être une présomption que l'assureur était informé de l'espace de temps écoulé depuis le départ du navire et du défaut absolu denouvelles.

§. 3.

Du ristourne fondé sur ce qu'on aurait assuré des choses qui ne peuvent être l'objet d'une assurance.

347. « Le contrat d'assurance est nul, dit l'art. 347 C. de com., s'il a pour objet le frêt des marchandises existantes à bord du navire, le profit espéré des marchandises, le loyer des gens de mer, les sommes empruntées à la grosse, les profits maritimes des sommes prêtées à la grosse.»

348. En traitant des choses qui peuvent faire l'objet d'un contrat d'assurances nous avons déjà examiné ci-dessus au § 2 du chap. 1, les difficultés qui se sont élevées à l'occasion des prohibitions de cet article, nous n'avons donc plus à ajouter ici que quelques observations générales.

349. Nous rappellerons d'abord que les causes qui ont fait proscrire les assurances sur le profit espéré des marchan-

dises, le fret, le loyer des gens de mer et les sommes empruntées à la grosse, sont puisées dans les mêmes principes; que ces prohibitions avaient déjà été faites par l'ordonnance de 1681, et que malgré les demandes de la Cour de cassation, du tribunal de commerce de Nantes, du conseil du commerce de Bordeaux, et l'exemple rappelé de l'Angleterre où toutes ces choses s'assurent, elles ont été maintenues comme dérivant de l'essence même du contrat d'assurance, qui ne peut jamais être un moyen d'acquérir. V. Valin, Pothier, Emérig. Et le guidon de la mer qui établit pour maxime, que l'assuré ne peut recevoir profit des dommages d'autrui.

350. « On ne peut faire assurer que ce « que l'on court risque de perdre, a dit « Pothier, et nullement les gains qu'on « manque de faire. On ne peut gagner « ou perdre, ajoute Valin, qu'à raison « du risque et jusqu'à concurrence; c'est « un principe qu'il ne faut jamais per- « dre de vue. » C'est à ce principe, dirons-nous à notre tour, qu'il faudra toujours revenir, pour découvrir si l'espèce à examiner rentre dans l'une des prohibitions de l'art. 347.

351. On a prétendu que ces prohibitions, maintenues malgré de nombreuses réclamations, feraient porter des assurances à l'étranger où elles n'existaient pas; et que les tribunaux devraient pour remédier à cet inconvénient se montrer peu sévères sur ce point dans l'application. Nous sommes loin de partager cette manière d'envisager la question, car si ces assurances ont été prohibées, c'est qu'elles étaient plus favorables à la mauvaise foi qu'aux intérêts de la navigation. Au surplus, si nous en jugions par le nombre des autorités qui ont demandé, lors de l'examen du projet de notre code de commerce, que ces assurances fussent admises, il paraîtrait qu'elles n'auraient pas été approuvées par la majorité de nos villes maritimes.

§ 4.

Du ristourne pour insolvabilité de l'assureur ou de l'assuré.

352. On ne pouvait laisser les parties venir discuter à l'occasion d'un contrat aussi important que celui d'assurance, la solvabilité ou l'insolvabilité de l'une d'elles en se fondant sur des bruits plus

ou moins vagues, plus ou moins controuvés ; mais lorsque cette insolvabilité est judiciairement connue, lorsqu'une des parties est évidemment hors d'état d'exécuter le contrat, on devait autoriser l'autre à demander la résiliation du contrat. Aussi l'art. 346 du code de commerce dispose, que si l'assureur tombe en faillite lorsque le risque n'est pas encore fini, l'assuré peut demander caution ou la résiliation du contrat.

353. L'asureur a le même droit en cas de faillite de l'assuré (C. com. 346), c'est-à-dire qu'il peut demander caution pour le paiement de la prime s'il ne l'a pas encore reçue, ou la résiliation du contrat.

354. Dans plusieurs places de commerce, il était d'usage avant la promulgation de notre Code, si le risque n'était pas encore fini et si la masse des créanciers de l'assureur failli ne donnait caution, que le tribunal permît à l'assuré de se faire réassurer aux frais du failli, avec privilége pour le remboursement de la nouvelle prime, ou pour le supplément nécessaire si la première n'avait pas encore été payée ; mais le failli n'en restait pas moins assureur, seulement la réassurance était faite à sa

décharge. Dag., t. 3, p. 224, pense que sous l'empire de notre code cet usage pourrait encore être continué; il est vrai qu'il ne présente guère d'inconvénients réels, mais nous ne voyons pas trop comment on ferait concorder cette décision avec les principes qui ont décidé la rédaction de l'art. 346 du C. de com.

355. Du reste, il n'existe guère de monuments de jurisprudence sur ce point de notre droit maritime entièrement nouveau. L'ordonnance de 1681 , où la plupart des dispositions du code de commerce ont été textuellement puisées, ne contient rien de semblable; c'est Válin qui a fourni les éléments de cet article, nous ne pouvons mieux faire que de lui en emprunter les motifs : ils pourront servir à la décision des difficultés qui s'élèveront relativement à son application.

356. « La simple crainte, a-t-il dit, de « l'insolvabilité, soit de l'assureur pour « répondre de la somme assurée, soit de « l'assuré, pour le paiement de la prime, « ne suffit pas pour faire résilier ou révo- « quer l'assurance, et il ne reste à l'un « ou à l'autre dans ce cas que la faculté « de se faire réassurer; mais si cette

« crainte est réalisée par la faillite surve-
« nue de l'un d'eux, l'autre est, sans dif-
« ficulté, en droit de demander la rési-
« liation de la police d'assurance, si les
« choses sont entières, c'est-à-dire si
« les risques ne sont pas finis, à moins
« que le failli ou ses créanciers le repré-
« sentant n'offrent bonne et suffisante
« caution pour répondre de l'effet de
« l'assurance : cela est hors de doute si
« la faillite est du côté de l'assureur;
« et pour quoi n'en serait-il pas de mê-
« me, si c'est l'assuré qui tombe en fail-
« lite, puisque le contrat d'assurance est
« synallagmatique et que la loi doit être
« égale entre les contractans? Si l'assuré
« est fondé à demander la révocation de
« la police d'assurance, dès que l'assu-
« reur n'est pas évidemment en état
« de lui répondre de la somme assurée,
« l'assureur doit nécessairement être
« écouté tout de même, lorsque l'assuré
« est devenu hors d'état de lui payer la
« prime: le plus ou le moins d'intérêt à
« la chose n'y fait rien; sans compter
« qu'il en est de même des temps où la
« prime est très considérable. Il faut donc
« des sûretés à l'un comme à l'autre, sans
« quoi leur condition serait inégale, ce
« qui ne peut pas être supposé; mais

« toujours il faut qu'il y ait encore des
« risques à courir, lorsque la résolution
« de la police d'assurance est demandée;
« autrement elle ne serait pas receva-
« ble, le contrat ayant déjà eu son exé-
« cution par la cessation des risques, et
« par là le droit étant incontestablement
« acquis à celui que l'on voudrait forcer
« de résilier la police. On comprend néan-
« moins que l'assureur aurait mauvaise
« grâce à se pourvoir en résiliement de
« la police, sur le fondement de l'insol-
« vabilité de l'assuré, s'il s'agit soit d'une
« assurance sur retour simplement, à
« cause de la sûreté que lui donnerait
« son privilége pour le paiement de la
« prime et de la faculté qu'il aurait de
« saisir les marchandises à leur arrivée;
« et comme cette ressource lui manque
« lorsqu'il est question d'une assurance
« pour l'aller c'est pour cela qu'il faut
« lui donner alors caution pour éviter le
« résiliement de la police. » Valin sur
l'art. 20, tit. 6 , liv. 5 de l'ordonnance
de 1681.

357. Un arrêt de la Cour d'Aix du 29
juin 1833, rapporté par Dalloz, t. 2, p.
59, décide que le risque est aussi fini
au moment où l'événement qui y met

réellement fin est arrivé, ou au moins du moment où l'assureur est présumé avoir eu connaissance de cet événement. C. com., art. 366.

358. Dans le cas où il existerait plusieurs assurances, qui réunies excèderaient la valeur du chargement, la faillite de l'assureur, premier en date, ne changerait pas la condition du dernier, à l'égard duquel le ristourne aurait toujours lieu nonobstant la résolution de la première police, leur engagement nul *ab initiâ*, en tant qu'il excédait la valeur du chargement, n'a pu être validé par un fait qui leur est étranger. Poth., n. 33 et 96; Delv., t. 2, p. 358, et Pard., n. 879.

359. M. Delvincourt fait encore observer à l'occasion de cet art. que si le risque est fini lors de là faillite de l'assureur. que le navire ait péri et que l'assuré soit encore débiteur de la prime, le montant de la somme assurée se trouve diminué de plein droit du montant de cette prime, de sorte que la réduction que l'assuré est obligé de souffrir en venant par contribution avec les autres créanciers n'a lieu que sur l'excédant.

CHAPITRE VI.

Des prescriptions et fins de non-recevoir.

360. Nous avons vu dans le chapitre précédent quelles causes peuvent faire prononcer la nullité du contrat d'assurance ; il nous reste à traiter ici de celles qui, sans attaquer l'existence du contrat en lui-même, font cependant que l'une des parties ne peut *plus* exercer le droit que ce contrat lui accorde, et autorisent l'autre à repousser le demandeur, sans même examiner le bien ou le mal fondé de sa demande ; les premières sont les prescriptions, les secondes les fins de non-recevoir.

361. On entend par fins de non-recevoir les moyens par lesquels le défendeur, sans entrer dans la discussion de la demande ni du titre, prétend établir que le demandeur en doit être débouté pour un temps ou pour toujours.

362. Au prémier abord les prescriptions ne paraissent guère être autre chose que des fins de non recevoir : il y a cependant de notables différences entre elles et ces dernières. Les plus impor-

tantes consistent en ce que *les fins de non recevoir* proprement dites sont couvertes par la défense au fond, tandis que les prescriptions peuvent toujours être opposées, même *pour la première fois* en cause d'appel. C. civ 2224; C. de proc. 464.

363. Toute action dérivant d'une police d'assurance est prescrite après cinq ans, à compter de la date du contrat, (C. com. 432) mais s'il y a cédule, obligation, arrêté de compte, ou interpellation judiciaire, cette prescription ne peut avoir lieu, (C. com. 434) et, dans ce cas, la prescription trentenaire devient la seule applicable; mais une *simple* mise en demeure ne serait pas *suffisante* pour empêcher la prescription.

364. Nous avons dit précédemment, chap. 2, dans quel délai l'action en délaissement devait être exercée sous l'empire de l'ordonnance de 1681; l'action en paiement d'avaries était sujette à la même prescription que cette action en délaissement. (Gass. 26 juin 1810.) Il n'en est pas de même sous l'empire du Code de commerce; aujourd'hui la prescription de l'action en délaissement n'emporte pas la prescription de l'ac-

tion d'avarie, et on a même jugé que l'action en délaissement formée hors du délai prescrit par l'article 373 du Code de Commerce, mais avant l'expiration des-cinq ans dont parle l'article 432, comprend implicitement la demande en avarie. Rouen, 10 mars 1810; Dalloz, t. 2, p. 30; t. 26, p. 2, 210.

365. De plus, comme le prêt à la grosse peut n'être pas prescrit alors que la police d'assurance l'est déjà, la Cour de cassation a décidé que le prêteur à la grosse pouvait, lorsqu'il en était ainsi, actionner les assureurs pour les frais de sauvetage. Cass., 27 déc. 1830.

366. Mais, dans tous les cas, l'assuré doit, pour éviter la prescription, soit de l'action en délaissement, soit de l'action d'avarie, former judiciairement sa demande, des pourparlers arrivés à la suite de la déclaration extra-judiciaire du délaissement ne suffisant pas pour constituer un fait interruptible de la prescription. C. comm. 173 et 431 ; C. cass., 29 avril 1835 ; *Annales*, t. 1, p. 115.

367. Et le commissionnaire de l'assuré pour compte, qui en droit commun est passible envers son commettant de la prescription encourue par sa faute, ne

le serait pas si l'assuré avait négligé de lui remettre en temps utile les pièces justificatives du chargement et de la perte, lorsqu'il s'agit d'action en délaissement, qui ne peut être intentée qu'après la signification préalable de ces pièces. C. Cass.; 26 mars 1823; Dalloz, t. 2, p. 49; t. 23, 1, 280.

368 Voici pour les prescriptions : arrivons aux fins de non recevoir. En général on peut opposer au demandeur, en ces matières, toutes les exceptions qui sont de droit commun; la jurisprudence a cependant établi quelques modifications à cette règle; ainsi on a jugé que l'assuré qui, postérieurement au sinistre, reçoit les marchandises et les vend aux enchères, sans formalités de justice, ni autorisation demandée préalablement, ne perd pas pour cela le droit de délaisser. Trib. de comm. de Marseille; 14 mai 1824; journ. de cette ville, t. 5, p. 168.

369. Ainsi encore un consignataire étranger, *domicilié ou établi en France,* n'est pas fondé à décliner la compétence des tribunaux français sur l'action en règlement d'avaries intentée contre lui par un capitaine étranger, à l'occasion

de marchandises expédiées de l'étranger par un étranger. Aix , 26 avril 1832 ; Dalloz, t. 32, prem. part., p. 184.

370. Au contraire, on a décidé que toutes actions contre les affréteurs pour avaries sont encore non recevables, si le capitaine a livré les marchandises et reçu son fret sans protestation signifiée dans les vingt-quatre heures et suivie dans le mois de sa date d'une demande en justice, et que cette demande devait avoir pour objet non la nomination des experts pour évaluer les avaries, mais bien d'obtenir le paiement de la somme à laquelle peut s'évaluer le dommage occasioné par les mêmes avaries, (Cass., 27 nov. 1822 ; Dalloz, t. 2, p. 31 ; Valin sur l'art. 6, et Emérigon, t. 2, p. 30, *contrà* Dageville, t. 4, p. 226.) Ce fait du capitaine éteignant l'action non-seulement à son égard, mais encore à l'égard de ceux des affréteurs à qui il était dû une indemnité, sauf toutefois leur recours contre le capitaine par l'action *mandati*. Dalloz, t. 2, p. 273 ; Pardessus n° 750.

371. On a de même jugé que le consignataire d'une marchandise qui, après l'avoir reçue, l'a fait jauger et mettre

dans son magasin, hors la présence du capitaine, n'est pas recevable à exercer son recours contre celui-ci, à raison du déficit prétendu existant sur cette marchandise. Trib, de comm. de Marseille, 20 août 1820.

372. Ordinairement les avaries sont constatées par le registre du bord; mais une demande en avaries ne pourrait pas être déclarée non recevable, par ce seul motif que le capitaine n'aurait pas tenu de registre de bord ; il suffit pour qu'elle soit admise que les avaries se trouvent suffisamment constatées. Dalloz, t. 2, p. 202 et t. 1. p. 17, juin 1811, Rennes. 409.

373. De plus, selon Valin, *les tri-bunaux* peuvent admettre la protestation tardive si l'avarie était cachée, et n'a pu être apperçue de suite.

374. Quoi qu'il en soit, ces diverses fins de non recevoir peuvent être invoquées tant contre l'action en délaissement que contre l'action en réglement d'avaries. Cass. 12 juin 1825.

L'assuré qui a succombé dans son action tant en délaissement qu'en paiement d'assurances n'est pas recevable à former l'action d'avarie, si dans sa première demande il a prétendu que la chose assurée avait péri en fatalité et sans espoir d'en recouvrer la moindre partie. C. civ. 1351. Cass., 26 mars 1833; Dalloz, t. 2 p. 49, t. 23, 1ʳᵉ part., p. 380. — *Contrà* Dageville, t. 4, p. 194 et suiv.

375. Du reste les art. 435 et 436 C. de commerce ne sont point applicables soit au cas où le dommage a été judiciairement constaté sur la demande même des assureurs avant la réception des marchandises vendues sur la poursuite d'un créancier privilégié sur le navire, et qui n'ont point été reçues par l'assuré, (Paris, 4 juillet 1828; Dalloz t. 28, 2 253,) non plus qu'au cas où le capitaine a fait un *consulat* dans lequel sont relatés tous les dommages soufferts pour le salut commun, (jugement du tribunal de Marseille cité par Dalloz,) ou bien le rapport à l'autorité compétente des avaries survenues à la marchandise qui a été l'objet du sauvetage et non de la livraison proprement dite. Poitiers, 24 juin 1131; D. t. 31, 2 244; — *Contrà* arrêt de la cour d'Aix du 21 sept. 1830, rapporté dans le journal de Marseille, 11ᵉ année, p. 305.

376. La protestation dont parle l'art.
435 doit être faite par acte extra-judiciaire; cependant la Cour d'Aix a décidé
qu'un rapport d'expert constatant les
avaries pouvait être considéré comme
une protestation suffisante. (V. en ce sens
Bordeaux, 18 janvier 1829) La Cour suprême a jugé aussi en ce sens, le 21 avril
1830, que lorsque les assureurs informés
d'avaries particulières par lettres des assurés, lesquels n'ont pas pris d'ailleurs
livraison des marchandises avariées, ont
consenti à ce que l'appréciation des avaries à leur charge fût faite judiciairement,
ils ne sont pas fondés à opposer aux assurés la fin de non recevoir tirée de ce
que ceux-ci n'ont pas formé dans le mois
de leurs réclamations une demande en
justice. Dalloz, t. 25, 1, 111, t. 29, 2, 78
t. 32, 1, 70.

377. Toutes les fois que l'une des parties au contrat d'assurance peut opposer
une fin de non-recevoir aux prétentions
de son adversaire, elle doit le faire comme
nous l'avons vu, avant toute défense au
fond. En conformité de ce principe, un
arrêt de la Cour d'Aix du 16 juillet 1825
a décidé que l'assureur qui a négligé en
première instance d'offrir la preuve con-

traire aux attestations de perte qui lui ont été signifiées n'est pas recevable à faire cette preuve en cause d'appel.

378. Par suite de ce qui vient d'être dit on doit conclure que ces fins de non-recevoir doivent être également opposées avant tout réglement de compte; mais il n'en serait pas ainsi si dans le compte réglé il s'était glissé quelque erreur matérielle ou quelque surprise, car alors, *mais seulement alors*, l'assureur pourrait revenir sur des opérations même consommées, le dol et la fraude étant une fin de recevoir qui, dans ce cas, ne se couvre jamais. Voir en ce sens un arrêt de la Cour d'Aix du 27 juillet 1825; journal de Marseille, t. 6, p. 800.

CHAPITRE VII.

Compétence et Procédure.

379. La loi française répute acte de commerce toutes assurances et autres contrats concernant le commerce de mer (Code com. 633). les tribunaux de commerce sont donc seuls compétens en France pour statuer sur les contestations relatives au contrat d'assurance (Code

com. 631); dans les pays étrangers les consuls de France ou les magistrats et tribunaux compétens sur les lieux remplacent les tribunaux de commerce (Code com. 414 et 415).

380. Lorsqu'il s'agit de répartition d'avaries, c'est le tribunal du lieu du déchargement qui est compétent pour examiner et homologuer le travail des experts; la nécessité d'une prompte solution a dû établir cette dérogation aux principes établis par le Code de procédure (art. 59) et d'après lesquels le défendeur doit toujours en matière personnelle être jugé par le tribunal de son domicile; mais ce tribunal compétent pour connaître du réglement et de la répartition des avaries ne l'est pas pour connaître entre les assurés et les assureurs de l'action en paiement des avaries particulières arrivées aux marchandises. Dans ce cas, lorsqu'il s'agit de délaissement ou bien encore de contraindre l'assureur à rembourser sa quote part, mise par la contribution à la charge de l'assuré, ce dernier doit assigner devant le tribunal du domicile des assureurs. Rennes 9 février 1829: Dalloz, t. 31, 2ᵉ partie, page 7; Code de procédure, titres 2 et 25.

381. Dans la plupart des polices on stipule qu'en cas de difficultés elles seront décidées par des arbitres; les parties se trouvent alors soumises aux dispositions du livre 3 du Code de procédure, qu'il n'entre pas dans notre plan d'examiner ici. V. le Traité de l'arbitrage de MM. Giraudeau et Gœtschy, n. 4 et suivants.

382 Quant à la manière dont doivent être intentées, suivies ou défendues les différentes actions qui peuvent compéter à l'assuré, comme elles ne s'écartent en rien de celles indiquées pour toutes les affaires commerciales par les art. 414 et suivans du Code de procédure civile, nous n'en parlerons pas non plus, nous contentant de faire observer seulement que, dans la matière, les ajournements peuvent être donnés de jour à jour et d'heure à heure, sans ordonnance ni permission du juge, que les assignations données à bord à la personne assignée sont valables et que le défaut peut être jugé sur-le-champ. Code de procédure 418 et suiv. Code de com. 627, 622 et suiv.

CHAPITRE VIII.

Timbre et Enregistrement.

383. La police d'assurance maritime doit être écrite, lorsqu'elle est rédigée par les notaires ou courtiers d'assurances, sur papier timbré débité par la régie, (loi du 13 brumaire an VII, art. 18) lorsqu'elle est faite sous signature privée, sans le ministère de l'un de ces officiers ministériels, les parties sont admises à faire timbrer, *avant d'en faire usage*, les papiers dont elles veulent se servir. C. comm. art. 7.

384. Cette règle doit être observée même quand la formule est imprimée (Cass., 15 messidor an IX) : en d'autres termes, les notaires ou courtiers ne peuvent faire imprimer des formules à leur usage que sur du papier débité par la régie.

385. Les notaires ou autres officiers publics qui rédigent un acte sur papier non timbré, encourent une amende de 20.fr. (LL. 13 brumaire an VII, art.26,16 juin1824, art. 10.) Cette amende est réduite à 5 fr. pour les simples particuliers, (*ibid.*) outre le droit de timbre.

386. On ne peut écrire sur la même feuille deux polices d'assurance relatives au même objet, l'une au profit des propriétaires et la seconde au bénéfice de son acquéreur agréé par la compagnie. Délib. du 26 août 1831.

387. Dans la pratique il arrive quelquefois que les juges éludent dans certains cas favorables ces dispositions fiscales en ne désignant les actes non couchés sur timbre ou non enregistrés, que comme des conventions verbales, mais les circulaires répétées du ministre des finances rendent de jour en jour les tribunaux moins tolérans sur ce point.

388. Sous l'ancienne législation, un arrêt du conseil du 12 août 1732 avait dispensé du droit de contribuer les polices d'assurances maritimes. V. Emérigon, chap. 2, sect. 5; Vallin sur l'article 2 de l'ordonnance.

389. La police ou le contrat d'assurances, qu'il soit fait sous signature privée ou par le ministère des courtiers ou notaires, doit être enregistré au droit fixe de 1 fr. (L. 16 juin 1824). Ce droit doit être payé par les notaires dans les dix ou quinze jours de la date du con-

trat, selon que ces notaires résident ou non dans les communes où le bureau d'enregistrement est établi, et dans les autres cas dans les trois mois de la date du contrat, à peine de payer un double droit, et pour les notaires en particulier d'une amende de dix francs. Loi du 16 juin 1824, art. 10.

390. Lorsqu'ensuite on veut faire usage de l'acte en justice il est dû sur le montant de la prime, savoir : en temps de paix 1 fr. pour 100 fr., et en temps de guerre 50 cent. pour 100 fr. LL. du 28 avril 1816, art. 51; 16 juin 1824, art. 5.

391. Le délaissement est assujetti comme le contrat d'assurance au droit proportionnel de 1 p. 100 sur la valeur des effets abandonnés ; mais en temps de guerre il n'est dû qu'un demi-droit. (L. 28 avril 1816, art. 51) Peu importe au reste que l'acte soit présenté avant ou après la cessation des hostilités, si le délaissement a eu lieu pendant la guerre. Délib. rég ; 5 avril 1823. — *V. Ajournement, Arbitrage, Compétence, etc.*

CHAPITRE IX.

FORMULES.

Police d'assurance maritime de la place de Paris. (1)

NOTA. (Avant le mois de juin 1836, il existait dans cette place presqu'autant de polices que d'assureurs, mais depuis cette époque une seule, celle que nous donnons ici, a été adoptée par tous les assureurs et compagnies qui s'y sont établis.)

N

	Somme ass. f.	
Courtier M	prime	% f.
Navire	police	f.
Capitaine	police	f.
Voyage		f.

ARTICLE 1er. Les assureurs prennent à leurs risques tous dommages et pertes provenant de tempête, naufrage, échouement, abordage

---

(1) Dans la plupart de nos ports de mer et de nos grandes places de commerce, les assurances maritimes sont faites par des sociétés de négocians. Ces réunions sont connues depuis long-temps sous le nom de Chambres d'assurances. Voir Robinet, *Dictionnaire universel.*

fortuit, relâches forcées, changemens forcés de routes, de voyage et de vaisseau, jet, feu, pillage, captures et molestations de pirates, baratterie de patron, et généralement tous accidens et fortunes de mer. (2)

Art. 2. Les risques de guerre ne sont à la charge des assureurs qu'autant qu'il y a convention expresse. Dans ce cas, il est entendu qu'ils répondent de tous dommages et pertes provenant de guerre, hostilités, représailles, arrêts, captures et molestations de gouvernemens quelconques, amis et ennemis, reconnus et non reconnus, et généralement de tous accidens et fortunes de guerre. (3)

---

(2) Faculté est accordée à tous les navires de faire échelles volontaires soit en montant, descendant, rétrogradant, moyennant une augmentation de prime d'un quart pour cent par la police de Rouen, et sans aucune augmentation par celles de Marseille et de Bordeaux; mais cette dernière n'accorde que trente jours pour chaque escale.

(3) A Londres la police déclare que l'assureur est responsable des risques de guerre, etc. Cependant en cas de capture par un navire anglais la loi ne force pas l'assureur à indemniser l'assuré quand il est sujet de la nation qui est en guerre avec l'Angleterre; mais il est d'usage de couvrir ce risque par une police *d'honneur* que les assureurs signent presque toujours. Ces risques de guerre sont garantis par les polices d'Alexandrie, d'Amsterdam, d'Anvers, de Bombay, de Baltimore, de Boston, Cadix, Calcutta, Gênes, Hambourg, Lisbonne, Livourne, Lubeck, Madras, Marseille, ancienne et nouvelle police; Maurice, Nantes, Naples, New-York, Nouvelle-Orléans, Philadelphie, Rotterdam, Stockholm et Trieste. Celle de Rouen ne garantit que les risques de capture par des gouvernemens non reconnus par la France.

Art. 3. Les assureurs sont exempts de tous dommages et pertes provenant du vice propre de la chose; de captures, confiscations, événemens quelconques provenant de contrebande ou de commerce prohibé ou clandestin; de la baratterie de patron ayant le caractère de dol ou de fraude, mais seulement à l'égard des armateurs, des propriétaires de navires ou de leurs ayans-droits, lorsque le capitaine est de leur choix; enfin ils sont exempts de tous frais quelconques de quarantaine, d'hivernage et de jours de planche. (4)

Art. 4. Dans les assurances à terme les assureurs sont exempts des risques de la Mer Noire, de la Baltique et des mers du Nord au-delà de Dunkerque, du premier octobre au premier avril.

Art. 5. Les risques sur facultés (5) courent

---

(4) Les risques de baratterie sont garantis par la police d'Amsterdam, en tant qu'elle a lieu sans la coopération ou la connaissance de l'assuré; par celle de Boston toutes les fois que l'assuré n'est pas à bord du navire; par celles d'Anvers, de Baltimore, de Bombay, de Bordeaux, de Calcutta, de Hambourg, de Londres, Lubeck, Madras, Maurice, New-Yorck, la Nouvelle-Orléans, Philadelphie, Rotterdam, Stockolm et Trieste. Les polices du Hâvre, de Nantes et de Rouen sont, sur ce point, identiques avec celles de Paris; la police de Nantes garantit aussi la baratterie du patron, mais sous la condition que les pertes ou dommages résultant de contrebande ou commerce clandestin ne pourront, dans aucun cas, être réputés baratterie de patron relativement à l'armateur seulement.

(5) Du moment où la marchandise est transportée à bord, jusqu'à ce qu'elle soit mise à terre *en sûreté*

du moment de leur embarquement, et finissent au moment de leur mise à terre au lieu de destination Les risques de transport par allèges et gabarres de terre à bord, et de bord à terre, dans les ports, rades et rivières de chargement et de déchargement, ainsi que tout transbordement au Hâvre ou à Honfleur pour monter à Rouen, sont toujours à la charge des assureurs.

En cas d'assurance à prime liée ou à terme, les risques continuent sur les objets substitués aux premiers et provenant de leur vente ou de leur echange, jusqu'à concurrence de la somme assurée, et sauf justification de leur valeur et de leur mise en risque, en cas de sinistre ou avarie.

ART. 6. Les risques sur corps (6) courent

---

au lieu de destination. Polices de Londres, Bombay, Calcutta, Madras, Maurice, New-York, la Nouvelle-Orléans, Philadelphie, Dans les polices de, Anvers, Bordeaux, Cadix, Gênes, Hambourg, Hâvre, Lisbonne, Livourne, Lubeck, Marseille, Nantes, Naples et Rouen, on retrouve la même disposition que dans celle de Paris. Les polices d'Amsterdam, de Rotterdam, de Stockolm et de Trieste ajoutent à la disposition de la police de Londres : «pourvu que (excepté dans le cas d'obstacles insurmontables) le débarquement ait lieu quinze jours après l'arrivée du navire.» La police de Baltimore porte : «jusqu'à l'arrivée du *navre* au lieu de destination.» La police d'Alexandrie n'indique pas à partir de quelle époque courent les risques et contient la disposition finale de l'article correspondant de la police d'Amsterdam, que nous venons de rapporter.

(6) Du moment où le navire commence à charger, ou a tout son lest nécessaire jusqu'à 21 jours après

du moment où le navire a commencé à embarquer des marchandises, ou, à défaut, du moment où il a démarré, et cessent cinq jours après qu'il a été ancré ou amarré au lieu de sa destination, à moins que le déchargement n'ait été achevé plus tôt, ou qu'il n'ait reçu à bord

---

son arrivée à sa destination, à moins que le déchargement ne soit effectué plus tôt police d'Anvers et de Rotterdam. Le commencement du risque est à déterminer dans les polices de Londres, Bombay, Calcutta, Madras, Maurice, New-York, Philadelphie et de la Nouvelle-Orléans, et il faut 24 heures après l'heureuse arrivée du navire au lieu de sa destination. D'après les polices de Bordeaux et de Marseille (nouvelle police) les risques sur navires commencent du moment où le navire commence à charger et finissent 20 jours après qu'il a été ancré ou amarré au lieu de sa destination. Cependant le risque cesse d'être mis à la charge des assureurs, si le navire reçoit à bord, au lieu de sa destination, des marchandises pour le voyage en retour, même dans le cas où celles d'aller ne sont pas entièrement déchargées, et où les 20 jours ne sont pas révolus. D'après celles du Hâvre le risque commence en même temps que le chargement du navire, ou à défaut de chargement, au moment où il met à la voile, et finit 20 jours après que le navire a été amarré ou ancré au lieu de sa destination, à moins que le déchargement n'ait été effectué plus tôt, ou qu'il n'ait reçu à bord des marchandises pour un autre voyage, auquel cas le risque n'est plus à la charge des assureurs.

Les polices de Nantes sont conformes sur ce point à celles de Marseille et de Bordeaux, si ce n'est qu'elles ne déterminent pas l'instant où le risque commence à courir. D'après celles de Rouen le risque est à la charge des assureurs, du moment où le navire commence à charger, ou, lorsqu'il n'y a pas de chargement, de celui où le navire a mis à la voile pour finir 24 heures après que le navire a été ancré ou amarré *en sûreté* au lieu de sa destination.

des marchandises pour un autre voyage avant l'expiration de ces cinq jours.

ART. 7. Les risques de quarantaine sont à la charge des assureurs au lieu de la destination. Si le navire va faire quarantaine ailleurs, il est payé une augmentation de prime d'un pour cent par mois sur corps et de trois quarts pour cent sur facultés, depuis le jour du départ jusqu'à celui du retour. (7)

ART. 8. En cas d'assurance à prime liée pour un voyage au-delà des caps Horn et de Bonne Espérance, il est accordé au capitaine six mois de séjour, à compter du jour où il aura abordé au premier port où il doit commencer ses opérations; il n'est accordé que quatre mois pour les autres voyages. A l'expi-

---

(7) Les risques de quarantaine sont garantis sans condition par les polices d'Alexandrie, Amsterdam, Anvers, Baltimore, Bombay, Bordeaux, Boston, Cadix, Calcutta, Gênes, Hambourg, Lisbonne, Livourne, Londres, Lubeck, Madras, Marseille, Maurice, Naples, New-York, la Nouvelle-Orléans, Philadelphie, Rotterdam, Stockolm, Trieste; celle de Rouen garantit ces risques moyennant une augmentation de prime déterminée suivant leur importance. La police de Nantes garantit ces risques pour la quarantaine faite au port d'arrivée, mais si elle est faite à la station du hoc ou sur la rade du hàvre, il est acquis aux assureurs une augmentation de prime qui est réglée par des arbitres. La police du Hàvre veut que lorsque la quarantaine est faite ailleurs qu'au lieu d'arrivée, il soit payé aux assureurs une augmentation de prime de 1 pour 0|0 si elle est faite dans un des ports de la Manche, sur la rade du Hàvre ou en pleine mer, et 1 1|2 pour 0|0 si elle a lieu au hoc.

ration de ces termes, chaque mois de séjour en sus donne lieu à une augmentation de prime de trois quarts pour cent par mois jusqu'à la fin du douzième mois. Dès lors les assureurs sont déchargés de tous risques, et ils ont droit aux deux tiers de la prime liée fixée par la police, et de plus à l'augmentation de prime résultant de la prolongation du séjour. (8)

Art. 9. Dans tous les cas où le calcul de la prime se fait par périodes mensuelles ou autres, toute période commencée est comptée comme finie.

Art. 10. Si l'assurance est faite sur navires indéterminés, l'assuré est tenu de faire connaître le nom du navire dans le délai de six mois pour les voyages au-delà des caps Horn et de Bonne-Espérance, dans quatre mois pour les autres voyages de long cours, dans deux mois pour les voyages de grand cabotage, et dans un mois pour ceux de petit cabotage, le tout à partir de la date de la police; faute de quoi la police est nulle de plein droit, et il est payé aux assureurs demi pour cent de droit de ristourne pour les voyages de long cours et un quart pour cent pour ceux de cabotage.

Art. 11. Si, l'assurance étant faite sur un

---

(8) Il est accordé 8 mois de séjour pour les voyages au-delà des caps Horn et de Bonne-Espérance, et 6 mois pour tous les autres, par la police de Rouen, et dans ce cas l'augmentation de prime n'est que de 1[2 pour 0[0.

navire partant d'Europe, le départ est **retardé** de plus de trois mois, à dater de la souscription du risque, l'assureur a la faculté d'annuler la police, en conservant un quart pour cent à titre de droit de ristourne.

ART. 12. En aucun cas, sauf ceux prévus par les articles 375 et 394 du code de commerce, le délaissement des facultés ne peut être fait si, indépendamment de tous frais quelconques, la perte ou la détérioration matérielle n'absorbe pas les trois quarts de la valeur. (9)

Le délaissement du corps ne peut être fait que dans le cas de défaut de nouvelles, de naufrage, d'échouement avec bris qui le rendent innavigable, ou d'innavigabilité par toute autre fortune de mer. (10)

---

(9) En Angleterre, à Hambourg, à Amsterdam, en cas d'impossibilité de parvenir à destination (Code de Comm. 394) on déc de que la vente des objets assurés doit se faire alors pour le compte de l'assureur, et qu'il est tenu de la différence entre le produit net et la valeur mise en risque; c'est ce qu'on appelle régler l'avarie comme *perte ou sauvetage*. On arrive ainsi au même résultat que par le délaissement; mais il y a cependant une différence essentielle, c'est que l'assureur n'est pas obligé de se charger lui-même du soin de faire la vente des objets assurés, qui n'est pas faite pour son compte et dont il ne répond pas. Frémery, Études du droit comm., p. 306; Stevens, p. 79; Benecke, chap. 8, t. 2, p. 318.

(10) A Anvers les polices d'assurance indiquent que le délaissement peut être fait suivant les dispositions du Code de comm.; mais qu'à l'égard des marchandises il ne peut avoir lieu, dans les cas de naufrage, d'échouement avec bris, d'innavigabilité par fortune de mer, que lorsque la perte ou la détérioration

Art. 15. Soit qu'il y ait ou non lieu à délaissement, et sans préjudicier aucunement à

---

s'élève aux trois quarts de la valeur des objets assurés; les pertes sont d'ailleurs, aussitôt la justification faite, payées comptant et sans aucune retenue. Quant au délaissement pour défaut de nouvelles, il peut avoir lieu après six mois à partir du jour des dernières nouvelles reçues, pour les voyages dans les mers d'Europe, un an pour les voyages dans les Indes Occidentales jusqu'au cap Horn, dix-huit mois pour les voyages à l'est du cap de Bonne-Espérance et à l'ouest du cap Horn. Il n'y a rien de spécifié sur ce point dans les polices de Londres, mais d'après les usages de la place les assureurs n'acceptent l'abandon que lorsque l'objet assuré est entièrement perdu ou détruit. Lorsque l'on n'a pas reçu de nouvelles du navire, bien plus, dans le cas où le navire est supposé avoir péri par fortune de mer, aucun terme n'est fixé dans les polices pour faire l'abandon. Du reste, les pertes sont payées immédiatement après le réglement.

Au Hâvre, où l'on possède peut-être la police la plus complète de France, on se conforme en cas de saisies, naufrages, etc., aux prescriptions du Code de commerce; le délaissement des facultés cependant ne peut être fait qu'autant qu'il y a perte ou détérioration des trois quart au moins, les frais non compris, et en cas d'absence de nouvelles, l'abandon peut avoir lieu, pour les voyages de petit et grand cabotage après 8 mois, après un an pour les voyages en-deçà des caps Horn et de Bonne-Espérance, et après 18 mois pour ceux au-delà desdits caps, à compter, bien entendu, du jour auquel se rapporte les dernières nouvelles reçues. Les polices de Nantes et de Bordeaux stipulent que le délaissement ne peut avoir lieu dans les cas de naufrage et d'échouement avec bris, que lorsque la perte ou la détérioration s'élève aux trois quarts de la valeur des objets assurés; si l'on n'a point de nouvelles du navire, les polices permettent l'abandon, après six mois du jour où se rapportent les dernières nouvelles reçues pour le petit cabotage, un an pour les voyages de grand cases droits, l'assuré est tenu de veiller au sauvetage des objets assurés et à leur conservation.

ART. 14. Les avaries grosses sont remboursées sous la retenue d'un pour cent de la valeur assurée; elles se règlent indépendamment des avaries particulières et sans aucune cumulation.

La portion de ces avaries, incombant au fret, ne peut jamais être mise à la charge de l'assurance sur corps.

ART. 15. les avaries particulières sur corps, quille, agrès, apparaux et dépendances, se remboursent sous la déduction de trois pour cent de la valeur assurée.

ART. 16. En cas d'assurance à prime liée ou à terme, chaque voyage est l'objet d'un réglement séparé. La fin de chaque voyage est

---

botage et de long cours à l'exception de ceux au-delà des caps Horn et de Bonne-Espérance pour lesquels un délai de dix-huit mois est nécessaire. Les pertes sont remboursées trois mois après l'avertissement donné aux assureurs à l'amiable ou judiciairement. A Marseille, hors le cas de survenance de guerre pendant le voyage assuré, les délais établis par le Code de commerce, pour défaut de nouvelles, sont réduit à six mois pour les petit et grand cabotage, à neuf mois pour les voyages dans les mers Noire et Baltique, à un an pour les voyages de long cours, et pour les voyages au-delà des caps Horn et de Bonne-Espérance, dix-huit mois pour l'aller et quinze mois pour le retour. Du reste, on procède conformément au Code de commerce, et les pertes sont payées un mois après la justification, sous l'escompte de trois pour cent à Rouen.

déterminée ainsi qu'il est dit au premier paragraphe de l'article 5 et à l'article 6, et le voyage subséquent est censé commencer immédiatement.

ART. 17. En cas de delaissement du navire, l'armateur reste passible des gages dus à l'équipage antérieurement au voyage pendant lequel le sinistre a eu lieu (11) et dont le fret sauvé revient aux assureurs sur corps, conformément à l'article 386 du Code de commerce.

ART. 18. Il n'est admis, dans les réglemens d'avaries particulières sur corps, que les objets remplaçant ceux perdus ou endommagés par fortune de mer; et tous les remplacemens, fournitures et main-d'œuvre à la charge des assureurs, supportent une réduction d'un tiers sur leur coût justifié au lieu des réparations, pour compenser la différence du vieux au neuf. Cependant cette réduction n'est jamais faite sur les ancres, et elle n'est que de quinze pour cent sur les chaînes-câbles en fer.

Les mêmes réductions sont applicables au réglement des indemnités dues pour avaries grosses par les assureurs sur corps.

Dans les risques de pêche, les assureurs sont exempts de toutes pertes et avaries sur les embarcations, ustensiles de pêche, ancres, chaî-

---

(11) La police de Rouen remplace la fin de cet article par ces mots: Quand même le risque aurait été souscrit à prime liée.

nes, câbles et dépendances, pendant la pêche et le mouillage De même, dans les divers mouillages de l'île Bourbon, la perte, soit en avaries particulières, soit en avaries grosses (quant aux assurances sur corps), des ancres, chaînes, câbles et dépendances, n'est pas à la charge des assureurs. (12)

Art. 19. Les primes des emprunts à la grosse, contractés pour réparations et dépenses extraordinaires faites en cours de voyage, ne sont à la charge des assureurs que jusqu'au dernier lieu de destination compris dans l'assurance. Tous emprunts faits audit lieu et pour voyages subséquens leur demeurent étrangers.

Art. 20. Sont francs d'avaries particulières (13) les fruits verts et secs, les fromages, les laines en suint, le sel, les plumes, les liquides en bouteilles, les glaces et autres objets fragiles, et les marchandises sujettes à la rouille; cependant. en cas d'abordage ou d'échouement avec bris, les avaries particulières

---

(12). Les assureurs de Rouen n'ont pas étendu cette exemption de risques aux mouillages de l'île Bourbon.

(13) Quelque considérables que soient les dommages survenus aux objets assurés franc d'avaries particulières, il n'est rien remboursé à l'assuré si le navire arrive à bon port; mais en cas de naufrage ou d'échouement, les dommages sont remboursés *en totalité*, et non pas sous la déduction de la franchise d'avarie. Il en est de même à Londres et aux Etats-Unis. A Hambourg on ne considère le navire comme ayant échoué que lorsque, pour se dégager, il a dû recourir à des secours étrangers et se faire alléger.

sur ces objets sont payées sous déduction de
de quinze pour cent de la valeur assurée. (14)

En cas d'avaries particulières sur d'autres
marchandises, les assureurs ne paient que l'excédant de : (15)

5 pour 0/0 sur	5 pour 0/0 sur	10 pour 0/0 sur	15 pour 0/0 sur
Alun,	Alizari.	Amidon.	Cacao en vrac
Beurre.	Cornes.	Anis.	Nitrates.
Bois.	Curcuma.	Grains.	Paille et foin.
Cire, etc.	Sellerie, etc.	Soude, etc.	Tourteaux.

La quotité de franchise sur les objets non dé-

---

(14) La compagnie d'assurance de Londres a der-
nièrement délibéré que le riz, les grains, la farine, le
poisson, le sel, le salpêtre, les fruits et la semence
étaient francs d'avaries particulières; que le sucre, le
rhum, les cuirs, les peaux, le chanvre, le lin et le tabac jouissaient de la franchise de cinq pour cent, et
que toutes les autres marchandises, *le navire et le
fret* jouissaient de celle de trois pour cent, en excep-
tant toujours les avaries générales et le cas d'échouement. D'après la police de cette compagnie, lorsque
les tabacs sont avariés, les assureurs ne remboursent
que l'excédant de la franchise.

(15) Dans presque toutes nos places de commerce

signés dans le tableau qui précède est **fixée**
à cinq pour cent.

La franchise de dix pour cent déterminée ci-
dessus pour les liquides en futailles est indé-
pendante de la franchise du coulage ordinaire,
laquelle est fixée à deux pour cent pour le petit
cabotage, à quatre pour cent pour le grand
cabotage, et à dix pour cent pour le long
cours. (16)

Art. 21. Les franchises déterminées par
l'article précédent ne se prélèvent que sur **les**
avaries matérielles. Les avaries particulières,
qui ne se composent que de frais, ou qui proviennent d'une contribution proportionnelle,
sont remboursées sous la retenue d'un pour
cent de la somme assurée, et cela indépendamment des avaries particulières matérielles.

Art. 22. Les sommes souscrites par chaque
assureur sont la limite de ses engagemens : il
ne peut jamais être tenu de payer au-delà.

La garantie de chaque assureur est personnelle et exempte de toute solidarité quelconque.

---

les différentes marchandises assurées par les compagnies sont rangées dans l'une des catégories indiquées en ce tableau. En général, quand l'avarie dépasse les franchises stipulées les assureurs français
ne paient que l'excédant; au contraire, à Anvers,
à Amsterdam, à Londres, aux Etats-Unis, les assureurs
paient la totalité de l'avarie quand elle dépasse ces
franchises.

(16) Si une avarie sur les liquides et autres marchandises sujettes au coulage s'élève à trois pour cent

ART. 23. Les indemnités pour sinistres et avaries grosses et particulières sont réglées suivant les lois et usages de France, quels que soient les lieux où le sinistre est survenu, où le voyage s'est terminé et où le règlement en a été opéré.

ART. 24. Toutes pertes et avaries à la charge des assureurs sont payés comptant et sans escompte, quinze jours après la remise des pièces justificatives, au porteur de ces pièces et de la présente police, sans qu'il soit besoin de procuration. (17)

ART. 25. En cas de paiement de perte ou avarie, avant l'échéance du billet de prime, les assureurs peuvent déduire de l'indemnité due par eux le montant de ce billet, qui doit alors être admis comme comptant. (18)

ART. 26. En cas de non paiement de la pri-

---

en sus du coulage ordinaire, qui ne donne lieu à aucune indemnité, les assureurs d'Amsterdam n'en remboursent la totalité qu'autant que dans la traversée le navire a échoué, fait naufrage, ou est entré dans un port de relâche où il a été obligé de décharger sa cargaison. En cas d'avarie sur les mêmes objets, les assureurs de Hambourg ne remboursent que l'excédant de 10 pour cent, et encore faut-il que ce navire ait échoué ou fait naufrage; ils ne remboursent que l'excédant de 5 pour cent si l'assurance portait sur des huiles en barriques cerclées en fer.

(17) Voir la note 8.

(18) Au Havre l'assuré ne souscrit pas de billet de prime; mais il signe la police, ce qui est une acceptation du mandat que l'assureur tire sur lui.

me, constaté par huissier, les assureurs ont la faculté d'exiger caution ou d'annuler l'assurance.

ART. 27. Il est convenu que le capitaine peut être reçu ou non reçu, ou remplacé par tout autre, et que la manière dont son nom est orthographié ne préjudicie pas à l'assurance.

ART. 28. Les assureurs et les assurés, chacun en ce qui les concerne, s'engagent à se conformer aux lois et réglemens maritimes en vigueur, en ce qui n'y est pas dérogé par la présente police.

ART. 29. Toutes contestations sont jugées à la majorité par un tribunal arbitral composé de trois membres, nommés par les parties. S'il y a désaccord pour la nomination du troisième arbitre, il est désigné par les deux autres arbitres. (19)

ART. 30. La présente assurance est faite sur bonnes ou mauvaises nouvelles, pour être exécutée franchement et de bonne foi, les parties renonçant a la lieue et demie par heure.

ART. 31. Tous avis, communications. détails de chargements et réclamations quelcon-

---

Du reste, là comme dans presque toutes les places de France, la prime se paie à 3, 6, 9 ou douze mois de date de la police, selon la longueur du voyage.

(19) Il est assez généralement d'usage, excepté à Paris, de stipuler que l'assuré sera dispensé de signifier les nouvelles qu'il aurait reçues, si ces nouvelles sont insérées dans le journal de la ville où demeurent les assureurs.

ques, doivent être adressés, avec les pièces nécessaires, aux représentants des assureurs, par l'entremise desquels les reponses sont données. (20)

N° 2. *Modèle d'Exploit pour demander caution ou résiliation du contrat d'assurances en cas de faillite.*

L'an .... le.... à la requête de M. Jean R...., négociant, demeurant à ...., rue ..... n..., duement patenté le.......· n°.... classe, lequel fait élection de domicile....je (noms, immatricule, indication de la patente et demeure de l'huissier) soussigné ai donné assignation aux sieurs.... (noms prénoms et demeure des défendeurs),syndic (provisoire ou définitif) de la faillite de M.... (noms prénoms, qualités et demeure du failli,) en la personne de M ...., l'un des syndics de ladite faillite (1), en son dit domicile où etant et parlant à ....

---

(20) La police de Rouen porte que toutes les contestations qui surviendront pour l'exécution de la police sont jugées par deux arbitres *négociants ou anciens négociants de la place,* amiablement nommés, et lesquels *avant de prendre connaissace de l'affaire,* doivent s'adjoindre un tiers pour prononcer en cas de partage. Cette clause, qui était généralement adoptée autrefois, commence à tomber en désuétude.

(1) Quelques commentateurs enseignent que l'assignation doit être donnée par copie séparée à chacun des syndics; cela nous semble tout-à-fait inutile et frustratoire. La forme que nous indiquons est, du reste, généralement suivie devant les tribunaux de la Seine.

A comparaître le ...... prochain (2) ...... présent mois, à l'audience et pardevant MM. les président et juges composant le tribunal de commerce de ..... pour ......

Attendu que suivant contrat (indiquer s'il est sous signatures privées ou passé devant un notaire ou courtier d'assurances) entre le sieur .... et le requérant, enregistré à ... le ......, ce dernier a fait assurer par le dit sieur V...., les corps et quille du navire le ... capitaine B... de Marseille, actuellement en route à la destination de la Martinique et évalué à .... francs sous la prime de .... pour cent pour l'aller et le retour.

Attendu que le sieur V.... ayant été déclaré en état de faillite depuis la réalisation de ce contrat, le requérant entend profiter du bénéfice qui lui est accordé par l'art. 346 du Code de commerce.

Voir dire et ordonner que le contrat d'assurance dont il s'agit sera et demeurera résilié, et que les syndics de la faillite dudit sieur V...... es-nom seront en conséquence condamnés à restituer au requérant la prime d'assurance déjà payée par le requérant et le coût

---

(2) Le délai entre le jour de l'assignation et celui de la comparution, doit être *d'un jour franc* au moins, outre un jour par trois myriamètre de distance entre le lieu où siège le tribunal et celui du domicile du défendeur, à moins toutefois qu'on ait obtenu du président du tribunal de commerce l'autorisation d'assigner à jour et heure fixes et plus rapprochés. C. pr. 416, 417 et 1033.

de la police d'assurance (3) et en tous les dépens. (4)

A ce que lesdits syndics n'en ignorent je leur ai au domicile de M. ....., l'un d'eux et parlant comme il a été dit ci-dessus, laissé copie tant de la police sus-énoncée que du présent, dont le coût est de....

Signature de l'huissier.

N° 3. *Modèle de signification de l'avis de la perte du navire, ou d'un sinistre qui lui serait arrivé.*

L'an .... le .... à la requête de M. Adolphe N......, négociant, demeurant à ...... rue ..... n. ......, duement patenté le .... n. .... classe, lequel fait élection de domicile à .... je (noms, prénoms, immatricule indication de la patente et demeure de l'huissier) soussigné ai signifié aux sieurs O... et P..., négocians associés, demeurant à ......, rue ......, n. .... où étant et parlant à .....

Que, par une lettre duement enregistrée à .... le ... par .... qui a reçu .... pour droits, ladite lettre datée de (la ville), le.... dernier, le requérant vient d'être averti par le sieur F.... capitaine du navire le ...... de ..... chargé de ..... pièces d'eau-de-vie, assurées le .... par le sieur F.. courtier de commerce pour compte desdits sieurs O... et P.... à la destination de ..... a été pris par une escadre

____

(3) Dans le cas où la prime n'a pas été payée on ne demande que la restitution du coût de la police.
(4) Si le réclamant préfère une caution, il y conclut par son exploit.

de ... et conduit à .... d'où il lui enverra les procès-verbaux qui doivent constater ladite capture.

La présente déclaration étant ainsi faite aux sieurs O ... et P... afin qu'étant avertis de la fortune de mer arrivée au navire, ils aient à agir comme ils aviseront dans leurs intérêts, le requérant se réservant expressément de faire, s'il y a lieu, le délaissement des eaux-de-vie dans les formes voulues par la loi. (1)

Et afin que les sus-nommés n'en ignorent, je leur ai, en leur susdit domicile social et parlant comme il vient d'être dit, laissé copie tant de la lettre sus-énoncée que du présent, dont le coût est de ....

(Signature de l'huissier.)

N° 4. *Modèle d'acte de délaissement.*

L'an .... le ..... à la requête du sieur Adolphe N..., négociant, demeurant à .... duement patenté le ...... n .... classe, lequel fait élection de domicile (2) à ..... je (noms, prénoms, indication de la patente et de la demure dee l'huissier) soussigné ai signifié et déclaré aux

-----

(1) On peut signifier le procès-verbal de capture, perte ou sinistre en faisant l'acte de délaissement (voir ci-après n. 4); mais on peut aussi le signifier auparavant et par acte séparé : dans ce cas, cette signification se fait dans la même forme et sous les mêmes réserves que l'acte dont nous donnons ici le modèle.

(2) Si l'assuré ne demeure pas dans la commune où siége le tribunal, il est d'usage de faire élection

sieurs O... et P... négocians associés, demeurants à .... en leur domicile social, où étant et parlant à ....

Attendu que suivant acte du ministère de M. .... huissier à .... en date du ...., enregistré le ....le requérant leur a donné avis de la capture du navire le .... de .... capitaine ...., sur lequel il avait chargé une pièce d'eau-de-vie à la destination de ...

Attendu que depuis et suivant acte du ministère de .... huissier ... en date du .. il leur a signifié copie légale et authentique du procès-verbal de la capture du navire.

Attendu que d'après les factures en date du .... enregistrées le ...., le connaissement en date du .... enregistré le .... et la police d'affrètement en date du ...... enregistrée le ...... dont copies sont données en tête des présentes ainsi que de la police d'assurance en date du .... enregistrée le .... le prix dû des eaux-de-vie s'elève à la somme de ... .

Que le requérant n'a fait aucuns contrats d'assurance, ou à la grosse autre que celui consenti par les sieurs O ... et P.... (3) et en conséquence qu'il leur fait par ces présentes délais-

---

de domicile chez un habitant de cette commune; ordinairement on choisit un des agréés près le tribunal de commerce qui mieux que tous autres ont l'habitude de ces sortes de contestations et sont plus capables, par cela même, de surveiller les incidens qui peuvent s'élever.

(3) Il est très important de faire cette déclaration, puisque le délai du paiement, qui doit commencer

sement et abandon desdites pièces d'eaux-de-vie, énoncées et désignées dans les factures, connaissement et charte partie ci-dessus datée.

A ce qu'ils n'en ignorent et à même requête, demeure et élection de domicile que dessus, j'ai, huissier susdit et soussigné, fait sommation aux sus-nommés de, dans le délai de (celui fixé par la police d'assurance) accepter ledit délaissement, et payer au requérant ou à moi, pour lui, comme porteur de pièces et pouvoirs, ladite somme de ....

Leur déclarant que faute par eux de satisfaire à la présente sommation dans ledit délai, et icelui passé, le requérant se pourvoira (4) par toutes les voies de droit pour les y contraindre.

A ce que les sus-nommés n'en ignorent; et je leur ai, en leur dit domicile et parlant comme dessus, laissé copie tant des pièces ci-dessus énoncées que du présent, dont le coût est de....

Signature de l'huissier.

N° 5. *Modèle de délibération pour motiver le jet ou l'avarie.*

L'an .... le .... heure de .... le navire le ....

à courir du jour du délaissement, est suspendu jusqu'au jour où serait faite cette déclaration. Code comm. 379.

(4) Dans le cas où l'assuré serait obligé d'assigner devant le tribunal de commerce pour contraindre son assureur à accepter le délaissement, cette assignation se libellerait dans la forme ordinaire, V. Formules, n. 2.

de .... capitaine ....se trouvant à la hauteur...
faisant voile pour .... a été assailli par un corsaire ennemi, du port de .... canons au moins
pendant 3 heures, le .... parvint à éviter son
feu, en faisant force de voiles ; mais le vent
ayant baissé, et le capitaine se voyant sur le
point d'être atteint, MM. (noms, prénoms des
intéressés au navire et à sa cargaison, ou de
leurs fondés de pouvoir, s'il y en a à bord, et
des principaux de l'équipage) se sont réunis
en la chambre du conseil dudit navire sur la
convocation du capitaine qui, après leur avoir
exposé l'état dans lequel il se trouvait, a déclaré
que selon lui, le seul moyen d'echapper à l'ennemi était d'alléger le navire en jetant à l'eau
1° (énoncer les marchandises et objets que le
capitaine croit nécessaire de jeter).

Sur quoi, les voix des délibérans ayant été
recueillies, l'avis du capitaine a été adopté à
l'unanimité. (1)

En conséquence il a été procédé audit jet,
et le présent procès-verbal a été rédigé clos, et
signé ensuite par toutes les parties ci-dessus
nommées. (2)

Signatures.

---

(1) Dans le cas où quelques-uns des délibérans
s'opposeraient à la mesure indiquée par le capitaine,
il faudrait le mentionner dans le procès-verbal et,
autant que possible, indiquer les motifs de cette opposition.

(2) Si la délibération n'avait pu être rédigée et signée sur-le-champ, il faudrait faire mention de
l'obstacle qui a forcé d'en remettre la rédaction, et des

Nº 6. *Modèle d'estimation et de répartition des dommages arrivés au navire en cas d'abordage.*

Aujourd'hui ... (date), pardevant nous Louis A.... Pierre B.... et Jean C... négocians, demeurant à ..... experts commis par jugement du tribunal de commerce de ..... en date du .... enregistré, réunis en la demeure de M. .... l'un de nous (1), après avoir préalablement, en exécution de l'art. 414 du Code de commerce, prêté entre les mains de M. le président du tribunal, le serment de bien et fidèlement remplir la mission à nous confiée, ainsi qu'il est constaté par un procès-verbal en date du .... et duement enregistré, est comparu M. A. .. capitaine du navire le... de .....lequel nous a dit qu'étant à la hauteur de ... son navire a été heurté par le navire le .... de .... capitaine G... , sans qu'il soit possible d'attribuer la cause de cet abordage à sa faute plutôt qu'à celle du capitaine G.... ainsi que cela a été reconnu par le jugement qui nous a commis, et que de ce choc il est résulté du dommage pour chacun des deux navires.

C'est pourquoi il nous requérait de procéder à l'estimation desdits dommages et à leur répartition.

---

jour, lieu et heure où il a été procédé à cette rédaction.

(1) Dans quelques localités les experts commis pour ces sortes d'opérations se réunissent dans la chambre du conseil du tribunal de commerce.

Et à l'instant est comparu le sieur G.... capitaine du navire le .... lequel nous a confirmé les faits avancés par le sieur A.... et a dit qu'il ne s'opposait nullement à ce qu'il soit par nous procédé aux estimations et répartitions demandées. (2)

Sur quoi, nous experts soussignés, procédant en exécution dudit jugement, nous nous sommes transportés à bord des navires sus-désignés; et, après avoir tout vu, pesé et examiné, de retour au lieu de notre réunion :

Attendu (énoncer, ici les raisons de l'évaluation des dommages éprouvés)

Sommes d'avis (3) à l'unanimité que le dommage éprouvé par le navire le .... est de la somme de .... que celui éprouvé par le navire le .... est de la somme de .... lesquelles sommes réunies forment celle de .... qui doit être supportée, savoir : par le navire le ..., pour ... et par le navire le .... pour ....

Fait et arrêté par nous, experts susdits et soussignés, le ....

Signatures.

---

(2) Dans le cas où l'un des deux capitaines ne se rendrait pas à l'amiable devant les experts, on le met en demeure de comparaître par un acte extra-judiciaire, et alors le procès-verbal d'estimation doit contenir mention de cette mise en demeure, et du défaut prononcé contre le défaillant par le réquisitoire de la partie plaignante.

(3) En cas d'avis différens, les experts doivent indiquer les motifs des divers avis, sans faire connaître quel a été l'avis personnel de chacun d'eux. C. pr., 318.

DES AVARIES.

1. **En** France comme en Espagne, à **Venise**, le mot avarie a été pris long-temps dans le sens de contribution (1). Depuis, lorsque le contrat d'assurance se popularisa, on appela avarie tout dommage donnant lieu à un recours contre les assureurs (2), aujourd'hui dans le langage usuel, ce mot est devenu synonyme de dommage.

2. L'article 399 du Code de commerce a dit en spécialisant la définition et par application au commerce maritime : « Toutes dépenses extraordinaires faites pour le navire et les marchandises, conjointement ou séparément, tout dommage qui arrive au navire ou aux marchandises depuis leur chargement et départ jusqu'à leur retour et déchargement sont réputées avaries. »

3. La loi française divise les avaries en deux classes, les avaries grosses ou

---

(1) Il l'a conservé jusqu'à nos jours dans les langues germaniques. Kuricke, *Jus ansiaticum*, p. 180.

(2) C'est ce qui a encore lieu en Angleterre pour le mot *Average*.

commmnes, c'est-à-dire celles qui souffertes pour le salut commun sont répa-
rées par la totalité des intérêts réunis et
exposés dans l'expédition maritime (Frémery, p. 203). et les avaries particulières,
qui, au contraire, étant les dépenses faites
et les dommages soufferts pour le navire
seul ou pour les marchandises seules,
sont supportées par le propriétaire seul
de l'objet avarié. C. comm. 403.

4. Après cette grande division des
avaries, la pratique en a sanctionné une
autre qu'il est très-important de connaître. Ainsi, dit Stevens, toute personne
à qui ce sujet est familier, sentira qu'il
existe une différence essentielle entre la
demande en restitution et la demande
en récompense; dans le premier cas, qui
est celui du jet, la perte postérieure du
navire et du chargement détruit la demande en restitution ; mais s'il a été fait
des dépenses dans l'intérêt commun,
elles ne cessent pas d'être dues, fut-ce à
l'armateur lui-même. La perte dans le
premier cas se renfermait dans la limite
des objets exposés ; or, si l'un est sacrifié, les autres perdus, il faut dire que
tout est perdu ; mais dans le second les
dépenses sont en dehors de ce qui était

en risque, or elles n'ont été faites que sous l'obligation tacite d'indemnité de la part des intéressés et le consentement y est donné par cela seul qu'on s'est réuni pour courir un risque en commun. V. aussi Pothier, Louage maritime, n° 132.

5. Après celles-ci, il faut encore établir d'autres distinctions dont l'utilité n'est relative qu'au contrat d'assurance; ainsi, par exemple, la perte totale ou en bloc d'une portion de l'objet assuré, ne peut pas toujours être assimilée au dommage partiel arrivant d'une toute autre manière.

6. Les avaries qui consistent dans une dépense faite pour le navire et les marchandises du chargement et celles qui ne se composent que d'un dommage matériel souffert par le chargement ou le navire, produisent aussi des conséquences toutes différentes.

7. Comme nous l'avons dit, les avaries communes ou grosses sont supportées par tous les intéressés au chargement, et par la moitié du navire et du fret au prorata des intérêts respectifs; il est donc très-important de bien saisir les distinctions que nous venons d'indiquer.

8. De nombreux arrêts ont été rendus pour décider les difficultés qui se sont élevées à l'occasion du contrat d'assurance, sur l'étendue des termes des art. 400 et 403 du Code de commerce qui contiennent l'énumération des différens dommages ou pertes qui rentrent dans l'une ou l'autre des deux grandes classes établies par la loi comme nous les avons rapportées déjà pour expliquer ces deux articles que nous avons cités en traitant de ce contrat, nous n'aurons pas à y revenir ici. V. Assurances maritimes, chap. 3, § 2, article 2.

9. Quant à la manière dont la masse contribuable doit être composée, le Code de commerce, consacrant après l'ordonnance de 1681 la coutume universelle sur ce point, a décidé qu'on devait comprendre dans cette masse la valeur des effets sauvés d'après leur cours au lieu du *reste*, et celle des objets sacrifiés. C. comm. 415; Frémery, Etudes commerciales.

10. La contribution, dit M. Pardessus, frappe tout ce qui a été sauvé du danger à l'occasion duquel ont eu lieu les sacrifices ou les pertes d'objets dont il s'agit d'indemniser le propriétaire; peu

importe que ces objets aient été chargés sur le navire au lieu du départ ou pendant la traversée. (Pard. n° 745), Sauf toutefois les exceptions imposées par l'art 419 du Code de commerce, c'est-à-dire les munitions de guerre et de bouche destinées à la défense et à l'approvisionnement du navire et les hardes et vêtemens des gens de l'équipage (1).

11. Dans tous les cas ; la répartition des pertes éprouvés a lieu à la requête du capitaine contre qui tous ceux qui ont éprouvé des avaries communes ont une action directe pour réclamer ce qui leur revient d'indemnité.

12. Pour parvenir à cette contribution, lorsque les parties ne sont pas d'accord ou sont absentes, il dresse, au lieu du déchargement, un état des pertes et dommages soufferts par le navire et le chargement, ou bien des dépenses faites pour réparer les pertes, il signifie cet état à chacun des intéressés avec assignation devant le tribunal ou le juge de paix du lieu de ce déchargement (C. com. 414), pour voir nommer les experts qui doivent procéder à l'estimation. Ces experts

----

(1) La jurisprudence a étendu le bénéfice de cet article aux passagers.

prêtent serment et procèdent à l'expertise et à la répartition en présence des intéressés, ou eux duement appelés et mis en demeure par la signification du jugement dont nous venons de parler, avec sommation de comparaître aux jour, lieu et heure indiqués.

Ce réglement des experts qui, comme on voit, remplissent à peu près ici les fonctions d'arbitres-juges, est rendu exécutoire en France par l'homologation du tribunal qui les a nommés (1), et dans les ports étrangers par le consul de France, ou à son défaut par le tribunal compétent du lieu, qui, pour ces sortes d'opérations, remplacent toujours ce tribunal et jouissent de sa juridiction.

13. Quelquefois les experts sont nommés par le juge de paix du lieu du déchargement; dans ce cas qui homologuera la répartition ? Il semble exorbitant d'accorder ce pouvoir à ce magistrat conciliateur : cependant nous ne pensons pas qu'en présence des textes on puisse la lui refuser.

---

(1) Et non pas du président du tribunal civil, comme lorsqu'il s'agit de sentences arbitrales ordinaires. (C. comm, 61 et 416.)

14. Cette décision des experts s'exécute par provision, dans le cas où il s'éleverait quelques contestations (C. proc. 439 et 1024); mais elle peut être frappée d'appel comme toutes les sentences arbitrales dans les trois mois de la signification du jugement d'homologation.

15. Cette procédure, comme on voit, est non seulement très compliquée, mais très coûteuse, et absorbe souvent le peu qui est échappé du naufrage: il serait donc à désirer qu'on pût la simplifier. Pourquoi par exemple ne pas faire nommer les experts sur simple requête du capitaine? Dans quelques places de commerce déjà on ne signifie le jugement de nomination des experts qu'aux deux consignataires principaux, vis-à-vis desquels seulement l'action est suivie, en quelque nombre qu'ils soient; d'ailleurs il est à regretter que cette méthode, qui ne présente aucun inconvénient grave et épargne des longueurs et des frais quelquefois énormes, ne soit pas généralement adoptée.

16. Quoi qu'il en soit, des opérations de cette espèce, ne pouvant guère être bien saisies que par des exemples qui, dit

M. Pardessus, les montrent pour ainsi dire en action, nous allons présenter le projet d'une contribution dans laquelle offrant la réunion des difficultés princi pales qui peuvent se rencontrer, nous expliquerons notre marche par des notes où nous rappellerons seulement diverses règles que nous n'avons pas dû repro duire ici, puisqu'elles ont déjà été énon cées dans notre Traité sur les assurances maritimes, mais qu'il est indispensable de placer en regard des différentes so lutions que nous donnons, pour servir en quelque sorte de preuve à notre travail, dont elles sont le complément néces saire.

HYPOTHÈSE

POUR UN RÉGLEMENT D'AVARIES. [1]

17. Le brick *le Louis*, chargé de mar

---

(1) Nous avons essayé dans ce projet de réglement d'avaries d'offrir la réunion des cas principaux qui peuvent se présenter, emprunt à la grosse, jet, ava ries par tempête, capture, impôts arbitraires, etc.

chandises diverses pour le compte de plusieurs chargeurs différents fait voile du Hâvre pour Odessa. L'armateur a affecté les corps et quille du bâtiment à un prêt à la grossede trente mille francs, consenti par Primus du Havre.

18. Le navire essuie une tempête qui lui fait éprouver de fortes avaries, il est contraint de relâcher à Cowes ; là il effectue ses réparations, et pour en acquitter le montant le capitaine emprunte à la grosse de Secundus une somme de vingt mille francs, et affecte à ce prêt le navire et le chargement. Le bâtiment reprend la mer, mais une nouvelle tempête lui occasione de nouvelles avaries, et l'oblige d'entrer en relâche à la Corogne; les dépenses s'élèvent à quarante mille francs, que le capitaine emprunte à la grosse de Tertius, en y affectant encore le navire et le chargement.

19. *Le Louis* continue son voyage; arrivé à la hauteur de Tripolitza, la chaloupe envoyée à terre pour le bien et profit commun du navire et du chargement, est capturée par des bateaux de pirates, et le capitaine n'en obtient la restitution qu'en leur donnant une barrique de vin à titre de composition. Le navire reprend sa route, mais toujours assailli par le

gros *temps* il n'aborde à Constantinople qu'après avoir souffert de graves dommages ainsi que le chargement, et là il est obligé pour obtenir le firman d'entrée dans la mer Noire de laisser à terre, à titre de droits de douane extraordinaires, une partie de son chargement.

20. Enfin il arrive à destination; les propriétaires du chargement sont obligés de faire l'avance des deux emprunts à la grosse s'élevant à soixante mille fr. (1)

Les pièces des deux relâches sont remises aux experts-commis pour le réglement des avaries.

Les intéressés font dresser et leur remettent également l'état des pertes éprouvées dans le trajet de la Corogne à Odessa.

21. Du classement opéré par les experts il résulte que les avaries se divisent comme suit :

____

(1) Nous avons emprunté aux *Etudes de Droit commercial* de M. Frémery, la première partie de ce modèle de réglement d'avaries, celle relative à cette complication d'intérêts survenue à la suite de trois emprunts à la grosse successifs.

	Avar. commun. souffertes		Avar. particul. souffertes 1,	
	par le navire.	par le charg.	par le navire.	par le charg.
1. Dommages soufferts du Havre à Cowes. . . .	10 000		5,000	
2. Dommages soufferts de Cowes a la Corogne (2). .	18,000	8,000	12,000	
3. Avaries communes souffertes de la Corogne à Odessa.	4,000	6000		15,000 (3)
	32,000	8,000	17,000	15,000

22. L'emprunt à la grosse de vingt mille francs consenti par Secundus d Cowes a servi à payer les dommages soufferts du Havre à Cowes.

23. L'emprunt de quarante mille francs

---

(1) On règle les avaries particulières en comparant, d'après les pièces à l'appui, la valeur des marchandises ou du navire en état d'avarie, avec la valeur qu'ils auraient eue en bon état sur la place de leur destination. La différence forme un dividende de *tant pour cent*, qui est payé par les assureurs sur la somme assurée, déduction faite toutefois de la franchise d'avaries pour les polices qui ne paient que l'excédant de cette franchise. (V. *Police d'Assurances maritimes.*)

(2) Si le navire, dans une tempête, ou lors d'un événement majeur qui a occasioné le jet, avait éprouvé quelque dommage, on ne devra compter comme avaries communes que les dommages sauf pertes dans l'intérêt général et pour faciliter le jet. (C. comm , 422.)

(3) Ces avaries particulières au chargement n'en sont pas moins communes vis-à-vis de chacun des co-chargeurs, puisqu'elles ont été souffertes volontairement dans la vue d'un intérêt commun.

consenti par Tertius de la Corogne a servi à payer les dommages soufferts de Cowes à la Corogne, à l'exception de deux mille francs valeur des marchandises jetées.

24. Il s'agit de régler la contribution aux avaries communes, lesquelles se composent savoir :

Pour le navire : (1)

Des dommages réparés à Cowes.	10,000	
Des dommages réparés à la Corogne . . .	18,000	
Des sacrifices non réparés	4,000	
Total des avaries communes souffertes par le navire.		32,000

Pour le chargement :

Des marchandises jetées (fret compris) du Havre à la Corogne	2,000	
Des marchandises jetées (fret compris) de la Corogne à Odessa.	4,000	
Des marchandises données à composition (fret compris).	2,000	
Total des avaries communes souffertes par le chargement.		8,000
Total des avaries communes.		40,000

25. Chaque prêteur à la grosse devant contribuer à la décharge des emprunteurs aux avaries communes souffertes depuis

____

(1) Les avaries éprouvées par le navire ou chacune de ses parties sont évaluées d'après une comparaison entre l'état de ces objets au moment de l'accident, et celui auquel cet accident les a réduits. (Pardessus, n. 226.)

qu'il a prêté, il faut faire un réglement distinct pour chaque relâche et pour le lieu d'arrivée, puis il faudra établir quelle sera la portion supportée par chacun des chargeurs dans la masse des avaries mises à la charge (1) du chargement entier.

---

(1) Sur toutes les places de commerce de **France** et d'Angleterre chaque espèce d'avarie exige une répartition distincte.

A Hambourg, lorsqu'un navire assuré pour l'aller et le retour éprouve des avaries à différentes reprises, soit dans son voyage d'aller, soit dans celui de retour, ou dans chacun de ses deux voyages, il est d'usage de cumuler ces avaries et de les faire supporter par les assureurs, pourvu qu'elles atteignent la quotité de franchise. Lafond, *Guide de l'assuré*, p. 230.

A Anvers, à Gênes et à Livourne la cumulation des avaries a également lieu, mais d'après les polices de ces deux dernières places les assureurs ne remboursent que les excédans de franchise. Lafond, *loc. cit.*

En Espagne, on se conforme pour les réglements d'avaries aux ordonnances de Bilbao de l'année 1737.

A Londres le chargement, le navire et le fret contribuent au réglement des avaries grosses, savoir : la cargaison selon sa valeur au lieu de sa destination, déduction faite du fret, des droits et des dépenses de déchargement, et s'il y a eu des marchandises jetées à la mer elles sont évaluées comme si elles fussent arrivées à bon port; le navire est évalué ce qu'il valait avec ses mâts, ses voiles et ses apparaux, avant ses avaries; le fret contribue d'après son montant total, déduction faite des gages de l'équipage.

26. Mais dans les trois premiers réglemens, bien que les personnes qui doivent la contribution puissent varier, la masse contribuable est invariablement fixée à la valeur de ce qui est sauvé au lieu d'arrivée, sauf la faveur accordée au navire; ainsi elle se compose de la moitié de la valeur du navire, de la valeur des sacrifices restant à réparer par contribution, de la moitié du fret, puis de la valeur des marchandises arrivées, et de la valeur de celles qui ont été sacrifiées.

27. Ces valeurs suivant expertise montent, savoir :

Pour le navire :

Valeur à l'arrivée 12,000 fr., moitié.	6,000		
Dommages non réparés.	4,000	10,000	
(1) Fret, 20,000 moitié.		10,000	
Total pour le navire.			20,000

Pour le chargement :

Valeur à l'arrivée.		74,000	
Marchandises jetées et données à composition, fret déduit.		6,000	
Total pour le chargement.			80,000
Masse contribuable.			100,000

(1) A Nantes, si l'assuré s'est réservé le fret ou appréciation de fret, il demeure passible de la contribution légale de ce fret aux avaries communes, à décharge des assureurs sur corps. A Paris la portion de ces avaries incombant au fret ne peut jamais être mis à la charge de l'assureur sur corps. (Police

28. Cela posé, trois contributions distinctes s'établiront d'abord comme suit :

29. 1° *Contribution aux avaries communes souffertes du Havre à Cowes.*

Les avaries montent à 10,000 fr. La masse contribuable étant de 100,000 fr., c'est dix p. °/₀ pour chaque intéressé.

Or, Primus du Havre est intéressé, à			
la décharge de l'armateur, pour (1).	10,000	à 10 °/₀	1 m. f.
L'armateur est intére ssé encore pou.	10,000	id.	1
Total du navire.	20,000	id	2 m. f.
Le chargement.	80,000	id.	8
	100,000	id.	10,000

---

de Nantes, art. 19; Paris, art. 14). A Marseille le fret appartient toujours aux assurés: ainsi, si un navire périt à l'entrée du port de destination, que la cargaison soit sauvée et que, par conséquent elle paie tout le fret, les assureurs sur corps reconnaissent la valeur du navire telle qu'elle est insérée dans la police, et ils n'ont rien à demander quant au fret. Laf., p, 168.

A Paris, les assureurs s'exemptent des avaries qui incombent au fret. Mignot. *Dict. des marc.* V. *Assurances maritimes.* En Suède; le fret n'est en aucune sorte passible de contribuer aux avaries générales. A Pise, à Livourne, le navire contribue pour la moitié, le fret pour le tiers de sa valeur.

(I) La faveur de ne contribuer que pour moitié de sa valeur n'est accordée qu'au navire; le prêteur ne serait pas fondé à dire qu'il doit y être associé et ne contribuer qu'à raison de 5,000 fr.

30. 2° *Contribution aux avaries communes souffertes de Cowes à la Corogne.*

Les avaries montent à 20,000 fr., la masse contribuable étant de 100,000, c'est 20 pour cent pour chaque intéressé.

Or, Secundus, de Cowes, préteur à la grosse de 20,000 £, dont 15.000 concernant le navire, et 5,000 concernant le chargement, est intéressé à la décharge de Primus et de l'armateur pour. . . .	15,000		à 20 °/₀	3,000
Primus reste seulement intéressé pour.	5,000		Id.	1,000
Total du navire. . ' . ,		20,000	id·	 4,000
Nota L'armateur n'a plus d'intérêt; Secundus est intéressé à la décharge du chargement pour. .	5,000		id.	1,000
Le chargement pour. • .	75,000		id.	15,000
Total du chargement. .		80,000	id.	16,000
		100,000	id.	20,000

31. 3ᵉ *Contribution aux avaries communes souffertes de la Corogne à Odessa.*

Les avaries montent à 10,000 fr., c'est donc 10 pour cent pour chaque intéressé.

Or, Tertius de la Corogne, prêteur à la grosse, sur le navire et le chargement solidairement d'une somme de 40 000 dont 5o,000 fr. concernant le navire et 10,000 fr. concernant le chargement, est intéressé à la décharge de Secundus, de Primus et de l'armateur pour 3o,000; ainsi il doit supporter d'abord la totalité de la contribution du navire, c'est	2^000	à 10 ⁕/₀		2,000
Puis pour le chargement Tertius est encore intéressé pour 20,000 fr., savoir : 10,000 qui concernent le chargement et 10,000 fr. qui tout en concernant le navire sont affectés encore sur chargement; c'est donc pour. .	20,000	id.	2,000	
Secundus. dont le prêt est également affecté sur navire et chargement réunis, doit aussi venir à la décharge du chargement, c'est pour.	20,000	id.	2,000	
Reste pour le chargement	4o,000	id.	4,000	
Total du chargement. . .	8o,000	id.		8,000
	100,000	à 10 °/₀		1c,000

Ainsi,
Le chargement paiera : (1)

---

(1) A Hambourg les marchandises contribuent dans les avaries générales pour leur valeur d'après les prix de factures, augmentés de tous les frais jusqu'à l'embarquement, la prime d'assurance exceptée. (Lafond, p. 125.) Le navire contribue pour sa valeur réelle estimée lorsqu'il arrive. Le montant des articles remplacés est ajouté à la valeur du navire et

Avaries de Cowes. . . . 8,000 ⎫
  Id. de la Corogne. . . 15,000 ⎬ 27,000
  Id. à Odessa. . . . . . 4,000 ⎭

L'armateur paiera :
Avaries de Cowes . . .   1,000

Primus paiera :
Avaries de Cowes. . . . 1,000
  Id. de la Corogne. . . 1,000   2,000

Secundus paiera :
avaries de la Corogne 5,000
  Plus 1,000. 4,000
  Id. à Odessa. 2,000   6,000

Tertius paiera :
Avaries à Odessa, 2,000
  Plus 2,000.   4,000

Total des avaries communes.   40,000

Savoir comme ci-dessus :
Pour le navire.   32,000
Pour le chargement. . . .   8,000

  Somme pareille.   40,000

Alors la liquidation des contributions

---

on est dans l'habitude de déduire la totalité des gages des gens de l'équipage, soit qu'ils aient été payés avant le départ, ou qu'ils soient payables à l'arivée, mais jamais ceux qui pourraient rester dus à l'arrivée. (Laf. ibid.)

et reprises effectives se trouve établie comme suit ;

Le chargement doit pour contribution.	27,000		
Il lui est dû pour avaries.	8,000		
Il doit net.		19,000	
L'armateur réclame pour avaries. . . .	32,000		
Il doit pour contribution.	1,000		
Il réclame net.			31,000
Primus ne réclame rien et doit.		2,000	
Secundus ne réclame rien et doit. . . .		6,000	
Tertius ne réclame rien et doit.		4,000	
		31,000	31,000

Il suit de là qu'en ce moment la position des parties est celle-ci :

Tertius a reçu du propriétaire du chargement. . .	40,000	
Il restitue (ayant donné caution pour ce).	4,000	
Les propriétaires du chargement lui auront payé net.		36,000
Secundus a reçu du propriétaire du chargement.	20,000	
Il restitue.	6,000	
Les propriétaires du chargement lui auront payé net.		14,000
Ainsi ces derniers ont avancé		50,000

Mais ils doivent 1° pour avaries particulières au chargement payées sur ces emprunts, savoir, à Cowes	5,000	
à la Corogne.	10,000	34,000
2° Pour leur contribution nette aux avaries communes.	19,000	

L'armateur doit donc au pro-
  Priétaire du chargement.   16,000

En outre il doit à
  primus. . . . . 10,000 }
Plus pour prime   } 11,000
  de grosse . . .   1,000 }

A déduire la contribution
  de Primus aux avaries communes. 2,000

L'armateur doit à Primus. . 9,000 ci 9,000
                                        ———
  Total dû par l'armateur.   25,000
Or le fret, déduction faite du
  privilége antérieur, s'é-
  lève à. 10,000
Le navire a été estimé ou
  vendu. 12,000
              Total. . . 22,000

  Qui sont distribués ·
1° Aux propriétaires du chargement subrogés à Secundus et Tertius. 16,000
2° A Primus qui sur sa créan-
  de 9,000 f. ne reçoit que. 6,000
        Somme pareille. . 22,000

L'armateur reste donc personnellement débiteur envers Primus de. 3,000   (1)

____

(14) Si cette somme de 3,000 fr. restait due par suite
d'un des emprunts faits pendant le voyage, comme
toutes les marchandises sont également affectées à
l'emprunt, si les propriétaires du navire étaient in-
solvables, elles supporteraient en commun et par
voie de contributions entr'elles, comme nous le

Nous savons bien maintenant quelle sera la perte à supporter par le chargement entier dans les avaries communes, mais nous avons encore à chercher quelle sera la portion à la charge de chacun des chargeurs particuliers.

Or comme nous avons vu que les avaries communes à la charge du chargement entier sont pour sa part dans les avaries grosses arrivées au navire de. 19,000

Et pour celles arrivées aux marchandises de 6,000 f. fret déduit, ci. . 6,000

25,000

A quoi il faut ajouter 15,000 f. pour les avaries particulières au chargement et communes entre les cochargeurs (1). 15,000

Au total. 40,000

verrons plus loin, la perte causée par l'insolvabilité du propriétaire du navire. Nous dirons aussi à cette occasion qu'il est généralement admis dans la pratique que l'insolvabilité d'un contribuable, lors du réglement des avaries communes, se répartit sur tous les autres. (Frémery, p. 227.)

(1) Les effets jetés ne contribuent en aucun cas au paiement des dommages arrivés depuis le jet aux marchandises sauvées (C. com. art. 425). Il faut bien se garder de donner à cet article une extension qu'il n'a pas, il signifie tout simplement que si les effets sauvés étaient ensuite recouvrés et que le reste du chargement ait essuyé des pertes proportionnellement plus considérables que celles éprouvées par les marchandises jetées, celles-ci ne devront pas contribuer à la perte.

La masse à contribuer se trouvant par suite des contributions ci-dessus, fixée à 80,000 f., à cette somme il faut ajouter celle de 15,000 f. dont il est plus haut fait mention, et qui ne doit arriver à la charge des chargeurs que déduction faite de la quote-part du propriétaire de cette somme. dans les avaries communes,   ce qui porte le total de la masse à contribuer à la somme de 95,000 f. Chaque chargeur perdra donc sur la portion qu'il aurait reçue si le navire et ses facultés n'avaient pas éprouvé d'avaries générales. 40,000

Mais l'état des pertes particulières aux marchandises du chargement et qui s'élèvent à 21,000 f. a été dressé ainsi par les experts.

1° Jet d'une barrique de vin appartenant à André, laquelle, quoique les vins de la qualité qu'ils avaient lors du chargement se vendent au lieu où s'opère la contribution 1.200 f. la barrique, a, pour vidange et avaries, été reconnue valoir 50 f. de moins, oe qui, avec la déduction de 150 pour le fret, la porte à 1,000 f. (1) ci. .   1,000

2o Avaries éprouvées par les marchandises de Jacques à l'occasion desdits jets 2,000.   2,000

____

(1) Si le jet ne sauve le navire, il n'y a lieu à aucune contribution. (C. comm. 424.)

3o Jet de deux balles de drap appartenant à Réné, lesquelles, quoiqu'elles
valent 1,200 f d'après leur veritable
qualité ne sont portees ici d'après la
qualité désignée dans le connaisse-
ment que pour 1,000, (1) ci. **1,000**

4. Jet de deux barriques de sucre appartenant à Henri, lesquelles, quoi-
d une valeur de 15,000 f. d'apres la
qualité faussement désignée dans le
connaissements ne sont portées
ici d'après leurs qualités reelles
que pour 1,000 f ci 2) **1,000**

5o Une barrique de vin appartenant à
Jean, donnée a titre de composition
et évaluee d'après les qualités indiqués au connaissement au prix
courant à la Martinique à raison de
1,400 f. la barrique, sur quoi déduisant pour fret 400 f. il reste seulement 1,000 fr., ci. **1,000**

6o Jet d'une barrique de tabac, partie
d'un chargement de six barriques
appartenant à Julien qui etaient sur
le tillac et ne devant pas être payees
ne se trouvent portées ici que pour
mémoire (3) ci. . . . . .mémoire

7o Marchandises de Frédéric, données

---

(1) C. comm. 418, §§ 1 et 2.
(2) C. comm. 418, §§ 3 et 4.
(3) C. comm. 421 : Il en serait de même des effets
dont il n'y aurait pas de connaissement ou de décla-

à Constantinople pour obtenir l'entrée dans la mer Noire, du reste de la cargaison. 15,000

L'état des valeurs du chargement sujet à contribution doit donc être établi ainsi :

1o 22 barriques 1|2 de vin appartenant a André le reste ayant été jeté estimé 22,500   22,500

Plus le prix d'estimation de celles qui ont été jetées comme il est dit à l'art. 1er de l'état des pertes. . . . 1,000

} 23,500

Marchandises de Jacques estimees d'après les connaissemens et factures dans l'état où les ont réduits les avaries causees par le jet. . . 20,000

Plus l'estimation de cette avarie formant l'article 2 de l'état des pertes. 2,000

} 22,000

---

ration du capitaine, ils ne seraient pas payés s'ils avaient été jetés, et contribueraient s'ils avaient été sauvés; mais le propriétaire de ces marchandises pourrait, dans ces deux cas (si toutefois l'irrégularité du chargement avait été faite à son insu) exercer un recours direct contre le capitaine. (C. comm. 420 et 421, § 2.)

2o Estimation de 2 balles de drap appartenant à René, formant l'art. 3 de l'état des pertes 1,000. . , ...	1,000	11,000
Plus les dix balles restantes estimées d'après leurs qualités supérieures 10,000.	10,000	
5° 5 barriq. de sucre restant des sept chargées par Henri suivant la qualité exagérée qu'il a lui-même énoncée au connaissement pour. ,	10,000	11,000
Plus estimation de la perte de deux autres à leur simple valeur réelle suivant l'art. 6 de l'état des pertes 1.000 ci	1,000	
4° Prix des vins appartenant à Jean, formant l'art. 5 de l'état des pertes, 1,000 ci.	1,000	6,000
Valeur de ceux arrivés sans avaries, 5,000 ci	5,000	
Marchandises de Julien chargées sur le tillac, qui doivent contribuer quoiqu'il ne lui soit rien payé pour ce qui a été jeté (1). . . .	6,000	6,000
Et enfin marchandises de Frederic formant l'art. 7 de l'état des pertes, 15,000 ci.	15,000	15,000

---

(1) C. comm. 421.

Ces états ainsi faits nous arrivons à établir une dernière contribution comme il suit :

4° Contribution particulière au chargement.

L'état des pertes éprouvées par les divers accidens qui sont arrivés aux marchandises s'élève, comme il a été dit, à la somme de 21,000 f. qui, avec la portion à leur charge dans les avaries éprouvées par le navire, forme un total général de 40.000 f. perdus pour les chargeurs et à répartir entr'eux à raison des 8[19° sur la valeur de leur chargement particulier,

Savoir :

André,	p 8[10 sur	23,500	ce qui fait	9894 75.
Jacques,	id.	22,000		9276 15.
René,	id.	11,060		4631 38.
Henri,	id.	11,000		4631 68.
Jean,	id.	6,500		2756 84.
Julien,	id.	6 000		2526 52.
Frédéric,	id.	13,000		6313 75.
			Au total.	40,000 00

Les contribuables qui n'auraient souffert aucune perte ni avarie commune, ou qui ne doivent pas en être indemnisés paieront leur cote entière de contribution sans aucune déduction; ceux qui ont souffert des pertes ou avaries communes feront d'abord confusion de ce qui leur est dû jusqu'à concurrence de leur quote part dans la contribution, et paieront ou reprendront le surplus d'après l'excédant soit de la cote de contribution, soit de la valeur des pertes et avaries par eux souffertes.

Ainsi André qui se trouve créancier de la masse des pertes et avaries communes pour la somme de. . . . . 1000 f.
en fe a d'abord confusion sur la somme de. . . . . 9894 f. 75
qu'il doit pour sa cote de contribution et ne paiera que le surplus, c'est-à-dire. . . . . . 8894 f. 75
Il en sera de même de Jacques qui ne paiera pour sa quote part que. . . . . 7263 f. 15
De Henri et de Réné qui ne devront chacun que la somme de 3631 f. 58 c. ensemble. . . 7263 f. 16

23421 f. 05

Et encore de Jean qui ne paiera que   1,736 84
Julien dont la composition effective de 55,000 f. 30 n'ayant aucune

déduction à faire la paiera en en-
tier ci 2,526 30

Ici s'arrêtent les contrib effectives,
    qui s'élèvent à la somme totale de 27,684 20

Car la cote de contribution de Fré-
    déric etant de 6315 f 73 seulement
    et la valeur des pertes par lui
    souffertes au moyen de ce que
    toutes ses marchandises ont été
    données à Constantinople à titre
    de composition il fera confusion
    dans la masse jusqu'à concur-
    rence, et reprendra ensuite
    dans les contributions effectives la
    somme de. 8,684 25

Déduisant donc cette somme de la
    masse des contriubtions effecti-
    ves par une soustraction inverse.   8,684 25
Dû à Frédéric. 27,684 20
        Il nous restera net. . .   19,000 00

Somme égale à celle que nous avons
    vu devoir être prélevée sur le
    chargement pour sa part dans les
    varies communes du navire.

Enfin si les propriétaires du chargement l'avaient fait assurer, chacun d'eux
aurait recours contre ses assureurs, 1º
pour sa contribution aux avaries communes, sauf la différence entre la valeur
estimée en la police, et celle du lieu de

déchargement. (1) 2° Pour les avaries particulières s'il en existait.

Quant à l'armateur on peut supposer que le compte de son expédition s'établit ainsi :

épenses de l'armement, et entière mise dehors. . . .	100,000
Prime d'assurance de 90,000 f. valeur agréée du risque restant à courir après l'emprunt à la grosse à la prime de 2 pour cent.	18,00
Payé à Primus pour solde. . .	5,000
Reçu de Primus à la grosse aventure	10,000
Des assureurs suivant compte avaries particulières . . . 17,000	
A déduire sur différence du neuf à l'usé, sur 12,000 f. par exemple, un tiers. . . . 4,000	
reste. . 15,000	
A déduire encore franchise de 3 pour cent sur 90,000. . . 2,700	
Reste. . . 10,300 ci	10,300
Total. . . .	20,300

---

(1) Entre l'assureur et l'assuré les objets mis en risque sont toujours censés conserver la valeur qu'ils avaient au lieu du départ; c'est là, il est vrai, une fiction bien souvent contraire à la réalité, mais du moins assise sur une base facile à déterminer; elle évite les contestations sans nombre qui surviennent dès qu'on l'abandonne.

Perte sur l'expédition, quoique le na-
re fût assuré, 84,800 f. (1)

(I) Cette perte énorme provient surtout de la *dé-
préciation* du navire, genre de risque qui n'est pas
garanti par les assureurs.

DES

ASSURANCES TERRESTRES.

1. On entend par assurance terrestre une convention par laquelle une ou plusieurs personnes qui se nomment assureurs se chargent, pendant un temps limité, des risques de terre auxquels une chose peut être exposée, moyennant une somme fixe ou indéterminée que l'autre contractant qu'on appelle assuré s'oblige de lui donner.

2. On nomme assurances *à prime* celles qui sont faites moyennant un prix fixe et invariable (V. Assurances maritimes, n 80 et suiv.) et on appelle assurances mutuelles celles ou chaque partie, tout à la fois assureur et assuré, est tenue de contribuer chaque année, au prorata de la valeur des choses par elle assurées, à la

réparation des dommages arrivés à chacun des associés; cet engagement de contribuer aux pertes d'après la répartition qui en est faite chaque année, constitue le prix de l'assurance.

DIVISION.

Chapitre 1er. Notions générales.

Chap. 2. De la nature, de l'objet et de la forme des contrats d'assurances terrestres.

Chap. 3. Des obligations qui naissent de ces contrats d'assurance.

Chap. 4. De l'extinction de ces contrats.

Chap. 5. Compétence, procédure et prescriptions.

Chap. 6. Timbre et enregistrement.

Chap. 7. Formules.

CHAPITRE Ier.

Notions générales.

3. Depuis près de quatre siècles les chances si imprévues de la navigation ont introduit parmi les différentes nations commerçantes l'assurance des risques et fortunes de mer, mais il y a quelques années encore ce contrat d'assurance n'était pas sorti du cercle des affaires commerciales maritimes.

4. Vers le milieu du siècle dernier cependant (en 1754) une des compagnies d'assurance maritime de Paris avait obtenu l'autorisation d'assurer les maisons contre les dangers du feu; trente ans plus tard trois arrêts du conseil autorisèrent la création de deux compagnies d'assurances contre l'incendie et d'une compagnie d'assurances contre la vie : (Pothier, Traité des assurances, n° 3.) mais jusqu'à ces derniers temps aucune compagnie n'avait pu acquérir une position assez stable pour se constituer définitivement et présenter les garanties nécessaires aux assurés.

5. Les Anglais, qui ont dû à cet esprit d'association sans lequel rien de grand ne peut être entrepris, l'avantage de nous précéder de si loin dans la plupart des établissemens industriels, sont peut-être les premiers qui aient établi des sociétés régulières d'assurances terrestres. (Wesket, *Laws and pratice of insurance*, p. 251, Marschall, liv. 4, chap. 1er) Depuis la fin du 17e siècle, époque à laquelle ces établissemens ont pris naissance en Angleterre, ils se sont considérablement accrus, ils se sont étendus d'abord en Hollande, puis dans les villes anséatiques, et enfin chez la

plupart des nations européennes ; en France un assez grand nombre de sociétés d'assurances se sont organisées tant à Paris que dans les départemens, et le succès qu'ont obtenu la plupart de ces sociétés prouve que les propriétaires comprennent l'utilité, la nécessité de ces compagnies d'assurances.

6. On a élevé contre les assurances terrestres, en général, et contre celles contre l'incendie et sur la vie des hommes en particulier des objections dont le bon sens public a fait depuis long-temps justice, et dont, par conséquent, nous n'avons pas à nous occuper ici. (V. Assurances maritimes, n. 17.) Ces assurances présentent en définitive desavantages certains pour les individus et les familles et ne contiennent aucun principe dangereux (1) (Grün et Joliat, Traité des assurances, p. 9.) Du reste la meilleure réponse qui soit à faire aux gens qui par préjugé ou par un reste d'opposition systématique, déclament encore contre ces utiles établissemens,

---

(1) la plupart des états d'Allemagne sont depuis plus d'un siècle soumis à un système d'assurance forcée contre les risques de la grêle et du feu, dont la direction forme une des attributions de l'administration publique.

c'est que les progrès de l'assurance dans un département sont dans un rapport exact avec ceux des lumières, de l'agriculture et des arts. (Boudousquier, Traité des assurances, p 21.) Inconnues longtemps, après rarement pratiquées, surtout en ce qu'elles présentent d'utile et d'avantageux pour le commerce et les exportations terrestres, les assurances terrestres n'ont pas encore fixé l'attention de nos législateurs. Dans le silence de la loi les différentes compagnies ont cherché à combler cette lacune de notre législation en insérant dans leurs statuts les principes généraux qui devraient se trouver dans nos codes; mais comme malgré l'autorisation dont sont pourvues presque toutes les compagnies d'assurances, et l'insertion de leurs statuts au Bulletin des lois. ces statuts ne peuvent avoir le caractère officiel de lois ou de réglemens publics. (Cass., 15 février 1826. Da l. t. 26, 1re partie, p. (140.) les tribunaux et les arbitres appelés à juger les contestations qui surgissent entre les assureurs et les assurés, obligés de recourir aux règles écrites sur les assurances maritimes et réduits à raisonner par analogie s'égarent souvent faute de règles certaines et de lois positives. Nous désirons bien vivement que le gouvernement, sentant enfin l'importance d'un contrat dont l'exécution est devenue si fréquente depuis quelques années, veuille bien enfin doter d'une loi une matière qui intéresse à un si haut point la fortune publique et qui appelle journellement l'intervention des tribunaux.

CHAPITRE II.

De la nature, de l'objet et de la forme des contrats d'assurances terrestres.

7. Les assurances terrestres en général sont de la même nature que l'assurance maritime; par conséquent les principes généraux que nous avons développés à l'occasion de ces dernières peuvent également s'y appliquer: nous n'en parlerons donc ici qu'autant qu'il sera nécessaire d'indiquer les *différentes modifications* qui devront être faites pour adapter à ces assurances les règles et procédés du commerce maritime.

8. Les assurances terrestres embrassent dans leur application journalière toutes les choses qui peuvent être atteintes, détériorées ou détruites par accident fortuit ou par force majeure ; elles ont pour but de garantir l'assuré chaumé, selon leur

spécialité, contre toutes les chances de pertes qui peuvent le frapper, mais les plus usuelles sont celles contre la grêle ou les inondations, la mortalité des animaux, contre la fumée ou les accidens causés par l'explosion du gaz, les assurances sur la vie et surtout celles contre l'incendie. Les marchandises en fabrique, en magasin, en route, sont aussi depuis quelque temps l'objet des assurances terrestres.

9. Généralement, et en droit commun, un contrat est nul lorsque la cause qui en fait l'objet n'existe plus. L'ordonnance de 1681 et ensuite l'art. 365 du Code de commerce ont admis une modification à cette règle en validant l'assurance maritime, lorsqu'il y a présomption que les parties ne connaissaient pas la perte au moment de la signature du contrat. Cette disposition exceptionnelle, propre seulement à ce dernier contrat, ne doit pas être étendue aux assurances terrestres qui restent soumises au droit commun.

10. A la différence des assurances maritimes encore, en cas de double assurances, les compagnies d'assurance terrestre contribuent au marc le franc, quelle que soit la date des divers contrats.

11. Mais du reste, dans les uns comme dans les autres, l'assuré peut faire assurer la solvabilité de son assureur : on emploie pour effectuer cette espèce de réassurance un procédé encore peu connu, et que l'on nomme reprise d'assurance. Par ce nouveau contrat l'assuré s'engage à payer la prime convenue au second assureur, qui lui tient compte des primes ou cotisations qui restent à payer au premier, et est subrogé dans tous les droits provenant de la première police, et est alors seul tenu de l'indemnité envers l'assuré.

12. Nous avons dit en parlant des assurances maritimes quelles personnes pouvaient être parties dans un contrat d'assurances, quelles qualités, quelles capacités leur étaient nécesaires, ce que devait contenir le contrat, dans quelle forme il devait être redigé. Les principes que nous avons rappelés alors devant s'appliquer également aux assurances terrestres, nous n'avons plus à donner ici que quelques explications pour compléter ces différens points.

13. Une police peut-elle être rescindée pour cause de lésion? Non, a-t-on répondu, à cause de sa nature aléatoire. M. E. Persil, n° 114, conteste cette solution sans

donner de raisons bien décisives en faveur de l'opinion contraire, que la jurisprudence des tribunaux de la Seine paraît d'ailleurs vouloir rejeter.

14. Dans les assurances terrestres comme dans les assurances maritimes, la capacité ne suffit pas pour qu'on puisse contracter une assurance, il faut encore la qualité, c'est-à-dire un intérêt légal, pour que le contrat soit valable; toutefois nous ajouterons avec MM. Pardessus et Vincens qu'il n'est pas nécessaire pour stipuler une assurance d'avoir un droit absolu à la propriété, qu'il suffit d'avoir des droits ou des intérêts à sa conservation.

15. Comme conséquence de cette règle, par exemple, on a enseigné que l'assurance faite par l'usufruitier ne profite pas au propriétaire, tandis qu'au contraire celle consentie par le propriétaire d'un immeuble grévé d'un usufruit profiterait à l'usufruitier; dont en ce cas il serait considéré comme le *negotiorum gestor*, sauf toutefois à exiger de ce dernier un paiement annuel du prix de l'assurance. (Grün et Joliat, n° 111.)

16. Du reste l'indemnité qui peut être due par les assureurs en cas de sinistre

n'est point représentative de la chose assurée. Paris, 8 avril 1834.

17. Contrairement à ces principes, la Cour de Colmar a décidé, le 25 août 1826, que s'il existait des créances hypothécaires sur un immeuble assuré et détruit par l'incendie, le prix de l'assurance devait servir au paiement de ces créances.

18. Cette décision conforme à l'équité ne nous semble guère admissible dans l'état actuel de notre législation, et les principes posés par la Cour de Paris sont généralement admis par la jurisprudence et les auteurs. (Grün et Joliat, 110, 309 et suiv; Boud. p. 60; E. Persil, n° 180; Rouen, 28 juin 1331; Dalloz, t. 31, 1, 214; Grenoble, 27 février 1834; Dalloz, t. 34, 2, 168.)

19. Dans presque tous nos ports de mer un peu importans les assurances maritimes sont faites par une société de négocians, qui prend le nom de chambre d'assurance. (Robinet, Dict. univ. t. 11) Mais fort souvent ces assurances font la matière de spéculation particulière. Rien ne s'oppose à ce qu'il en soit de même pour les assurances terrestres; mais moins lucratives que les premières. parce qu'elles n'embrassent qu'une seule espèce de

risques, elles font peser la responsabilité pendant un trop grand nombre d'années sur l'assureur, et s'il ne se rencontre
point de particulier, disent MM. Grün
et Joliat, qui ose s'engager par des assurances assez nombreuses pour en espérer
du profit, il ne se trouve pas non plus
d'assuré qui se contente d'une responsabilité individuelle.

20. Une seule classe d'assurances pourrait faire raisonnablement l'objet des spéculations d'un particulier, ce serait celle
qui aurait pour but de garantir les expéditions de marchandises contre les accidens qui peuvent les frapper en route:
cette assurance, à peine indiquée en France
par les théoriciens, n'a pas peu servi
à donner aux négociants anglais cette
audacieuse confiance qui les a rendus si
long-temps les maîtres de tout le commerce d'exportation ; leurs assureurs de
même que ceux de Hambourg et de quelques autres places s'obligent à les indemniser non seulement des pertes et dommages éprouvés par suite d'accidents et
de fortunes de mer, mais encore contre
les risques de terre, incendies, vols à main
armée, inondation, avanies de puissance,
etc. Nous souhaitons bien ardemment
que nos capitalistes industriels pensent

enfin à cette branche d'exploitation qu'ils ont négligée trop long-temps et qui, plus large qu'on ne le pense généralement serait une source de richesses pour eux et pour notre commerce dont l'activité se trouve souvent entravée par la crainte d'accidents imprévus et que toute la prudence humaine ne saurait conjurer.

21. Quelques compagnies ont bien récemment offert d'assurer les marchandises sur route, mais les conditions qu'elles imposent, et leur mode d'assurance surtout, ont jusqu'ici empêché nos commerçants de profiter d'un secours qui, en définitive, pour être reellement utile, a besoin de ne pas être payé trop cher. V. ci-après police d'ass. de march. sur routes.

22. Quoi qu'il en soit, et quant à présent, les assurances terrestres sont donc faites par des compagnies dont les spéculations embrassent les unes cumulativement, les autres par restriction à tels ou tels objets et choses que nous avons indiqués plus haut ; ces sociétés peuvent être en nom, collectifs, en commandite ou anonymes. Ces compagnies sont pourvues d'une autorisation du gouvernement.

23. On a prétendu qu'il résultait d'un

avis du Conseil d'état du 15 octobre 1809 que cette autorisation était indispensable pour toutes les compagnies d'assurance contre l'incendie, c'est là une erreur. Cet avis ne peut s'appliquer qu'aux compagnies d'assurance mutuelles qui sont anonymes, et l'ordonnance du 14 nov. 1821 qui l'a rappelé n'a pu lui donner une valeur qui la mettrait au-dessus de la loi; MM. Grün et Joliat ont donc eu raison de dire que cette interprétation était vicieuse et conduisait à une violation manifeste des principes constitutionnels. (V. en ce sens aussi un arrêt de la Cour de Colmar du 7 déc. 1821; Schraag, journ. des Assurances) Du reste la pratique vient sur ce point de confirmer notre théorie, car une nouvelle société en commandite, *la Salamandre,* vient tout récemment de s'offrir à la confiance des habitans du département de la Seine sans avoir sollicité aucune autorisation du gouvernement. (1)

---

(1) La compagnie la Salamandre paraît vouloir se rapprocher de plus en plus de ce système large et à bon marché dont nous parlions tout à l'heure, en diminuant le taux des primes, et en élaguant de ses polices cette foule de garanties, de restrictions que l'on rencontre dans la police des autres compagnies elle a rendu un grand service au commerce et à l'industrie dont elle s'occupe particulièrement. V. note au bas du modèle de polices d'assurances terrestres.

24. Ces compagnies d'assurances, quelle que soit d'ailleurs leur forme, opèrent au moyen d'agents nommés par le conseil d'administration et assujettis presque toujours à un cautionnement; seuls ils peuvent engager la compagnie vis-à-vis des tiers assurés, et signer les polices d'assurances. Cependant il a été décidé que la convention d'assurances faite par des sous-agents engagent les compagnies avec les assurés, s'il résulte de certaines circonstances que les assurés ont dû croire a l'existence d'un mandat conféré par la compagnie. Parmi les compagnies établies en France les unes reçoivent annuellement une certaine somme moyennant laquelle elles s'engagent à garantir ceux qui traitent avec elles des dommages provenant du sinistre; Ce sont comme nous l'avons dit, les assurances à primes. Les autres sont formées par la réunion des propriétaires qui mettent leurs risques en commun et s'obligent à supporter proportionnellement à leur intérêt le préjudice qu'éprouvera chacun des associés; ce sont les assurances mutuelles. Dans les premières, le lien de droit se forme par la police (V. Assurances maritimes, n° 7 et suiv.) dans les autres, les statuts de la société obligeant tous les assurés, le contrat

se forme par la seule adhésion aux statuts.

25. Les principes qui régissent les assurances maritimes, avons-nous dit, sont les mêmes qui doivent présider à la formation du contrat d'assurance terrestre; le contrat donc, quel que soit l'objet auquel il s'applique, les conditions qu'il renferme d'ailleurs et la forme dans laquelle il est rédigé, suppose nécessairement un risque auquel la chose assurée soit exposée, dont la prime n'est que le corrélatif et par conséquent dont l'étendue dépend des stipulations du contrat. (1)

26. Par suite, le vice propre de la chose étant étranger au risque prévu par le contrat ne demeure point à la charge des assureurs (C. com. 353). Cette disposition de la loi est très importante surtout lorsqu'il s'agit d'assurances sur marchandises sur voitures en route.

27. L'assureur répond-il de la faute des personnes dont l'assuré est civilement responsable? Cette question qui intéresse à un si haut dégré les assurances com-

______

(1) La créance d'un assureur contre la grêle sur le fermier d'une propriété rurale provenant des primes et amendes stipulées dans la police ne peut être assimilée aux frais faits pour la conservation de la chose et comme telle primer le propriétaire. Paris 8 avril 1834. Annales, t. I. p. 104

merciales a donné lieu à une discussion que la pratique a décidée affirmativement quoique les polices ne s'en expliquent pas. V. Grün et Joliat, n° 161 ; V. *contrà*, Toullier, t. 11, n° 177; Quenault, n° 64.

CHAPITRE III.

De l'exécution du contrat d'assurance.

28. L'exécution des contrats d'assurance impose des obligations distinctes à chacune des parties contractantes, c'est pourquoi nous diviserons ce chapitre en 2 paragraphes: dans le premier nous examinerons quelles obligations sont à la charge de l'assuré; dans le second nous dirons quelques mots de celles de l'assureur en faisant observer toutefois auparavant que les obligations de l'assureur et de l'assuré qui se divisent dans les assurances à prime sont cumulées dans les assurances mutuelles où chaque associé a simultanément l'une et l'autre qualité.

§ 1ᵉʳ *Des obligations de l'assuré.*

29. La principale obligation de l'assuré est de faire aux assureurs la déclaration la plus exacte et la plus complète sur les choses, sur les risques, sur toutes les circonstances de l'affaire, et de ne commettre

surtout aucune réticence, aucune omission dans la déclaration.

3o. Une des obligations les plus essentielles dans ces contrats, c'est de payer la prime d'assurance qui étant, comme nous l'avons vu, le prix des risques, est acquise aux assureurs du moment où ces risques ont commencé à courir.

31. L'assuré doit encore en contractant une assurance déclarer s'il a fait précédemment assurer la même propriété, mais cette clause n'est pas applicable à l'acquéreur qui fait assurer la propriété précédemment assurée par son vendeur. Dans les assurances maritimes le contrat une fois parachevé ne peut plus être en aucune façon modifié postérieurement sans la volonté réunie des deux contractans; il n'en est pas de même des assurances terrestres, la vente, ou la destruction par exemple, d'une partie des objets assurés peut modifier les risques prévus, l'assuré doit donc déclarer toutes les circonstances qui viennent changer ces risques, mais s'il ne lui a pas été prescrit de délai, il peut faire cette déclaration tant qu'il n'y a pas eu de sinistre. Grün, n° 23i et suiv.

32. Enfin la nature même du contrat

et les règles du droit commun imposent à l'assuré de nombreux devoirs dont l'omission n'entraîne pas toujours la nullité du contrat, mais peut quelquefois en restreindre l'étendue ou en modifier la valeur; ainsi, par exemple, il doit travailler au sauvetage des choses assurées, faire connaître à son assureur le sinistre éprouvé par l'objet assuré, (1) justifier, autant que cela est possible toutefois, de l'existence des choses assurées lors de l'avénement du sinistre, de son intérêt actuel, de sa qualité à toucher l'indemnité, des titres enfin qui établissent son droit à la chose avariée ou détruite, etc.

33. Enfin une dernière obligation imposée à l'assuré par le contrat d'assurance est celle de subroger son assureur lors du paiement intégral de l'indemnite, dans ses droits et actions tant contre les auteurs du sinistre, que contre les agens de la force publique, par exemple, qui auraient illégalement entravé la marche des voitures assurée,s ou bien encore contre les locataires responsables de l'incendie, etc.

34. L'assureur ne peut agir directe-

---

(1) Dans les assurances contre la grêle et contre l'incendie, cette déclaration doit être faite devant le juge de paix et dans le délai déterminé par la police.

ment contre ce dernier tant qu'il n'a pas obtenu cette autorisation de l'assuré, mais peut-il le contraindre à la lui donner? On a distingué, pour répondre à cette question : si la police, a-t-on dit, porte que la subrogation de l'assureur aura lieu par le paiement de l'indemnité, l'assuré ne peut refuser de consentir une subrogation qui n'est en définitive que le complément, que la suite essentielle d'une obligation principale; mais dans le cas où la police est muette sur ce point, l'assuré ne peut jamais être contraint à donner cette subrogation.

35. Cette dernière décision est peut-être conforme aux rigueurs du droit, mais à coup sûr elle est en contradiction flagrante avec l'équité, car d'un côté l'assuré ne doit jamais pouvoir toucher deux fois la valeur de l'objet qu'il a perdu , et de l'autre, les lois de la raison et de la morale veulent qu'on ne laisse pas supporter par la compagnie la perte occasionée par le crime, l'imprudence ou l'impéritie des personnes étrangères au contrat et qui doivent assumer sur leur tête toute la responabilité de leurs fautes.

§ 2 *Des obligations de l'assureur.*

36. Parmi les obligations essentielles

de l'assureur, nous placerons d'abord, et en première ligne, celle d'indemniser l'assuré de la perte (1) que lui fait éprouver le sinistre prévu et ses *suites immédiates*. (Grün. n. 24;4 journ. des Ass. t. 1er p. 9 Boud. p. 264; Dalloz, t. 9, p. 485, 1 et 2) Ainsi, par exemple, un assureur de marchandises sur voitures en route qui aurait pris à ses risques les avaries survenues aux objets assurés, par suite d'inondation, ne pourrait être tenu d'indemniser l'assuré de la non valeur qui aurait frappé son expédition par suite du retard causé dans leur arrivée par cette inondation.

37. De même, une compagnie d'assurance contre l'incendie qui a pris à ses risques les marchandises et le mobilier industriel d'un magasin ne peut être tenue d'indemniser, en outre, l'assuré, en cas de sinistre, pour la suspension de son commerce pendant les réparations que le désastre a nécessité. Paris, 26 avril 1833; Dalloz, t. 33, 2, 151.

38. De même encore, lorsque la compagnie a garanti le risque locatif, elle ne peut être tenue de payer aux propriétai-

---

(1) Mais de la perte réelle et justifiée seulement, V. j. des ass, t. 2; p. 137.

res, les loyers dus par les locataires pour prix de sa jouissance, etc.

39. L'objet du contrat étant de ga-rantir une perte et non d'assurer un bé-néfice, il s'ensuit que l'indemnité due à l'assuré doit être calculée seulement sur la valeur justifiée par l'assuré des objets au moment du sinistre; (C. com. 358) sans toutefois que l'assuré puisse jamais être admis à contester son évaluation pri-mitive. Dans tous les cas il est lié, lui, par son estimation.

40. Dans les assurances maritimes, lorsque le sinistre arrive à telles ou telles limites, lorsqu'il est produit par une cer-taine catégorie d'événements, l'assuré peut exiger de son assureur le paiement de la valeur de tout ce qui est assuré, en faisant le délaissement, c'est-à-dire en lui aban-donnant ce qui avait échappé au sinistre ou avait été recouvré depuis; dans les assuran-ces terrestres le délaissement ne peut enco-re avoir lieu, on le considère avec raison comme une exception au principe « que l'assureur ne peut être obligé à autre chose qu'à indemniser l'assuré. » Les compagnies se réservent bien quelquefois le droit de prendre ce qui reste des marchandises as-surées en payant la totalité de l'assurance,

mais ce n'est là toujours qu'une faculté, un mode de paiement, et l'assuré ne peut la forcer à s'acquitter de cette manière, les seules obligation de l'assureur n'étant jamais et dans tous les cas que de réparer les pertes et dommages éprouvés par la chose assurée.

CHAPITRE IV.

De l'extinction des contrats d'assurance.

41. L'assurance terrestre est presque toujours faite pour un temps limité; après ce temps elle se trouve éteinte, l'assureur est libre et peut faire assurer les nouveaux risques; cependant quelques compagnies d'assurances mutuelles ont appliqué à leurs statuts le principe de la tacite reconduction: c'est-à-dir que l'assuré continue à faire partie de la société, même après l'expiration du terme fixé, s'il n'a pas exprimé l'intention de ne pas continuer son adhésion à cette société.

41. Lorsqu'il s'agit d'une assurance de marchandises sur voitures en route, rien n'empêche que l'assurance ne soit faite, non pour un temps limité, mais pour tout le temps que durera le voyage, c'est même ce qui a lieu généralement. (1)

---

(1) Ces sortes d'assurances présentent beaucoup

42. Le contrat d'assurance est soumis, en outre, à toutes les causes d'extinction, d'annulation et de résiliation qui peuvent atteindre les autres contrats; ainsi l'assurance est nulle si elle manque de lien, de ses élémens essentiels, et la résolution peut être demandée et obtenue pour cause d'inexécution, de non paiement de la prime, notamment. Les changements et augmentations de risques, la perte de la qualité en laquelle l'assuré a figuré au contrat d'assurance, sont encore des causes suffisantes pour faire obtenir la résolution du contrat qui, d'ailleurs, n'a jamais lieu de plein droit, à moins de clauses expresses et formelles dans la police, et doit être prononcée en justice. Nous avons vu en traitant des assurances maritimes que si l'assureur tombe en faillite lorsque le risque n'est pas encore fini, l'assuré peut demander caution ou la réalisation du contrat. Quoique placé, dans un titre du Code de com., spécial aux assurances maritimes, l'article 357 du C. com. où l'on trouve cette disposition n'en contient pas moins un principe général qui doit

---

plus d'analogie avec les assurances maritimes que toutes les autres assurances terrestres, et presque toutes les règles que nous avons données pour la formation, l'exécution ou l'extinction des premières peuvent leur être appliquées.

recevoir son application relativement au contrat d'assurance terrestre. Grün et Joliat. t. 378; Parts, 20 mars 1825; Douai, 27 février 1826. (1)

43. Nous ajouterons que la déconfiture comme la faillite serait une cause de résiliation, les mêmes causes devant ici produire les mêmes effets, et d'après ce principe encore qu'une partie doit être dégagée de ses obligations lorsque l'autre n'offre plus de garantie pour l'exécution des siennes.

CHAPITRE V.

Compétence, procédure et prescriptions.

44. La plupart des polices d'assurances contiennent la clause de soumission à des arbitres, mais cette clause ne constitue pas une condition essentielle du contrat d'assurance, et l'arbitrage ne cesse pas d'être purement ordinaire ; au contraire les contestations qui s'éleveraient entre les membres de compagnies d'as-

---

(1) Nous reproduisons à cette occasion l'observation de M. Vincens liv. 12 chap. 13 n° I. Dans l'alternative posée par le code, dit-il, il faut entendre que lorsqu'il s'agit de la faillite de l'assuré, l'option n'appartient pas à l'assureur, qui, pourvu qu'on lui garantisse le paiement de sa prime, n'a ni raison ni intérêt de se soustraire à l'obligation qu'il a contractée.

surances à prime seraient soumises à un arbitrage forcé; ces compagnies devant être considérées comme de véritables sociétés commerciales, (C. com. 51) puisqu'elles traitent à perte ou à bénéfice pour leur propre compte, avec toutes sortes de personnes et moyennant une indemnité convenue pour prix de l'assurance, et sont par conséquent assujetties à la juridiction consulaire et à toutes les lois spéciales au commerce. Cass., 8 avril 1828.

45. Les assurances mutuelles, tout différemment, et quoique faites au moyen de sociétés anonymes que la loi range parmi les sociétés commerciales, ne présentent aucun caractère commercial, et les contestations qui s'élèvent à leur occasion restent dans le domaine des tribunaux civils.

46. Les principes de la compétence territoriale et des deux degrés de juridiction sont observés en matière d'assurance terrestre, à moins qu'il n'y soit dérogé par la police. Dans tous les cas, des arbitres nommés en vertu de la police pour prononcer sur une contestation entre assurés ne sont pas compétents pour statuer sur la demande en nullité de la police. Journ. des Ass. t 1, p. 93.

47. Quant à la prescription, les assureurs indiquent toujours dans leurs polices le temps pendant lequel ils entendent demeurer soumis à l'action de l'assuré. Quénault, n. 52, estime que dans le silence de la police, l'action de l'assuré contre l'assureur pour le paiement de l'indemnité est prescrite après 5 ans. MM. Gr. et Joliat, n. 357, et Boud. n. 445 veulent qu'on s'en tienne à la prescription trentenaire. Les polices d'assurance contre l'incendie la fixent généralement à un an.

48. L'action en paiement de prime, si la prime est divisée et payable par année, se prescrit par 5 ans; dans le cas contraire il nous semble quelle ne devrait être prescrite que par 30 ans. C. civil 2277.

CHAPITRE VI.

Timbre et Enregistrement.

49. Comme tous les actes sous signature-privée, les polices d'assurances sont soumises au timbre de dimension (loi du 13 brumaire an 7, art. 12), sous peine d'une amende primitivement de 30 fr. (ibid. art. 26) et réduite à 5 fr. par la loi du 16 juin 1824. en sus des droits de timbre.

· 5o. Nous avons vu (Assurances maritimes, n. 339) que les lois du 22 frimaire an
7 et du 28 avril 1816 soumettent les actes
et contrats d'assurance maritimes à un
droit proportionnel de 1 fr. pour cent fr.
réductible de moitié en cas de guerre, ces
dispositions peuvent-elles s'appliquer aux
assurances terrestres? La régie est dans
l'usage de percevoir, à l'égard des assurances à primes, 1 pour cent sur les immeubles et 50 pour cent pour les meubles
sur le montant du prix payé par l'assuré;
elle se fonde pour cette perception sur
une décision ministérielle du 9 mai 1821.
MM. Gr. et Joliat soutiennent que ces
actes ne sont passibles que du droit fixe
d'un franc (loi du 22 frimaire, art. 68, §
1er n° 51) et critiquent avec raison, selon
nous, cette perception qu'une décision ministérielle n'a pu imposer aux contribuables en l'absence d'une loi positive sans
laquelle aucun impôt ne peut être établi.
Du reste, si l'on applique aux assurances terrestres la loi fiscale qui régit
les assurances maritimes, on ne peut leur
refuser, ce que cependant on a prétendu,
le bénéfice de ces mêmes lois, et il faudra alors décider que ces actes ne sont
soumis à l'enregistrement, que lorsqu'ils
sont produits en justice, et aussi qu'en cas

de guerre, les droits doivent être réduits de moitié.|V. Assurances maritimes, n.

51. Pour les sociétés d'assurance mutuelles, une délibération du 24 nov. 1822, approuvée le 20 déc. suivant a décidé que l'acte d'aquiescement de chaque assuré aux statuts de la compagnie n'était soumis qu'au droit fixe de 5 francs. Une décision du ministre des finances du 3 sept. 1829 a reconnu que l'acte notarié, par lequel un individu déclare prendre intérêt dans l'institution dotale ou de secours mutuels de recrutement, ne devait être assujetti qu'au simple droit fixe de 1 fr.

52. Les compagnies d'assurances ne sont pas soumises à la patente. Décis. du ministre des finances du 30 nov. 1819. Cette décision est critiquée par M. E. Persil.

CHAPITRE VII.

Police d'ass. de marchandises sur routes (1).

ARTICLE 1. La Compagnie (2) assure contre

---

(1) Cette formule est celle de la Compagnie du Phénix, qui fait seule ou principalement, à Paris, ces sortes d'assurances.

(2) Presque toutes les polices des compagnies d'assurances à prime que nous connaissons présentent des conditions générales identiques avec celles de la compagnie du Phénix; il nous suffira donc pour les faire connaitre de signaler dans des notes les différences peu nombreuses qui existent entre les principales compagnies et cette dernière.

l'incendie (3) et contre le feu du ciel et les dégâts qui en résultent, toutes les propriétés mobilières et immobilières (4).

Elle assure aussi le risque locatif et le recours du voisin (5).

L'assurance du risque locatif garantit l'assuré des effets de la responsabilité à laquelle il est soumis comme locataire, au terme des articles 1733 et 1734 du Code civil.

La Compagnie n'est responsable que des dommages matériels, et ne doit, soit au propriétaire, soit au locataire, soit au voisin, aucune indemnité pour changement d'alignement, défaut de location ou de jouissance, résiliation de baux, chômage, ou toute autre perte non matérielle (6).

Art. 2 La Compagnie n'assure pas les dépôts, magasins et fabriques de poudre à tirer, les titres de toute nature, les bijoux, les pierreries et perles fines, les lingots et les monnaies d'or et d'argent.

Elle ne répond point des incendies occasionés par guerre, invasion, émeute popu-

---

(3) Il y a incendie, lorsqu'il y a embrasement, combustion, et les assureurs ne répondraient pas des pertes provenant de l'action de la chaleur.

(4) Les sociétés mutuelles n'assurent que les propriétés immobilières ou les meubles d'un déplacement difficile, et seulement dans le rayon déterminé par l'ordonnance qui les autorise.

(5) Cette assurance ne garantirait pas le locataire contre la perte de son droit au bail; il faudrait pour cela une assurance ayant spécialement cet objet, elle n'est ni usitée, ni sans danger.

(6) La valeur du sol n'est pas comprise dans l'assurance. (Police de la Compagnie d'assurances génles.)

laire (7), force militaire quelconque, volcans et tremblements de terre.

En cas d'explosion ou de détonation autre que celle de la foudre, elle ne répond pas des dégâts qui en résultent; elle garantit seulement les dommages d'incendie qui en sont la suite.

Elle ne répond en aucun cas des objets perdus ou volés.

Elle ne répond des tulles, des dentelles, des cachemires, des médailles, de l'argenterie, des tableaux, des statues, et en général de tous les objets rares ou précieux, mobiliers et immobiliers, que lorsqu'ils sont spécialement désignés dans la Police.

Toutes les exceptions ci-dessus sont applicables également à l'assurance du risque locatif ou du recours des voisins.

ART. 3. L'assurance ne peut jamais être une cause de bénéfice pour l'assuré, elle ne lui garantit que l'indemnité des pertes réelles qu'il a éprouvées. En conséquence les sommes assurées, les primes perçues, les désignations et évaluations contenues dans la Police, ne peuvent être invoqués ni opposées par l'assuré comme une reconnaissance, une preuve ou une présomption de l'existence et de la valeur des objets assurés, soit au moment de l'assurance, soit au moment de l'incendie.

ART. 4. Lorsque l'assurance porte sur une fabrique ou usine, sur ses dépendances, sur

---

(7) Les compagnies nouvelles, et la Salamandre notamment, répondent des incendies occasionés par *les émeutes populaires*.

les marchandises ou mobilier industriel y contenus, sur récoltes non battues ou fourrages rentrés ou en meules, la Compagnie ne répond que des quatre cinquièmes de la somme assurée par elle, et l'assuré est tenu de rester son propre assureur pour l'autre cinquième.

En conséquence, la Compagnie ne perçoit que les quatre cinquièmes de la prime de la somme assurée.

Art. 5. La prime d'assurance est payée d'avance et comptant au domicile de la Compagnie à Paris, ou de l'agent qui a souscrit la police.

Celle de la première année se paye en signant la Police, qui n'a d'effet qu'après ce paiement.

Celles des années suivantes sont réglées en billets. Il est accordé à l'assuré quinze jours de grâce pour les acquitter (8).

Dans aucun cas l'acceptation ou le paiement de la prime avant la signature de la Police n'oblige en rien ni l'assuré, ni la Compagnie; ils ne sont engagés qu'après la signature de la Police par les parties contractantes.

A défaut de paiement de la prime ou du billet de prime dans le délai de quinzaine ci-dessus fixé, sans qu'il soit besoin d'aucune demande, d'aucune mise en demeure, l'assuré n'a droit, en cas d'incendie, à aucune indemnité (9). La Compagnie peut, à son choix, ou

---

(8) La Salamandre n'exige pas de billets de prime pour garantie du paiement du prix de l'assurance.

(9) Dans ce cas l'assuré qui n'a pas payé la prime ne peut plus, si un incendie a lieu après le délai fatal

résilier la Police par une simple notification, ou la maintenir et en poursuivre l'exécution.

En cas de résiliement, pour quelque cause que ce soit, les primes payées par anticipation, même sous escompte, demeurent acquises à la Compagnie.

Dans tous les cas, le paiement pendant ou après l'incendie, de la prime échue, ne donne à l'assuré aucun droit à l'indemnité de dommages.

Le paiement des primes non acquittées à leur échéance se poursuit par les voies de droit, et tous les frais et déboursés, même ceux de timbre, d'amendes et d'enregistrement, sont à la charge de l'assuré (10).

Art. 6. L'assuré doit déclarer et faire mentionner sur sa Police, sous peine de n'avoir droit, en cas d'incendie, à aucune indemnité (11), s'il est propriétaire de tout ou partie de l'objet assuré, s'il est usufruitier, créancier, locataire, commissionnaire, administrateur, mandataire, et généralement en quelle qualité il agit.

Art. 7. En cas de vente, décès ou faillite, lorsque l'assurance porte sur un immeuble où

---

offrir la prime et réclamer l'indemnité, quelle que soit d'ailleurs la cause qui ait empêché le paiement de cette prime.

(10) Toute contestation qui pourrait s'élever entre l'assuré et la compagnie sur le paiement des primes est jugée souverainement, sans aucun recours, par le Juge-de-paix du domicile de l'assuré, sans que les parties, sous aucun prétexte, puissent en décliner la juridiction. (La Salamandre.)

(11) En quelle qualité il agit (*idem*).

il n'existe ni fabrique, ni usine, la Police continue de plein droit; l'assuré, ses héritiers ou ayant-cause restent obligés au paiement de la prime.

Si l'assurance porte sur des objets mobiliers, sur fabrique ou usine, l'acquéreur, ses héritiers ou ayant-droit, sont tenus de déclarer immédiatement leur qualité, et de la faire mentionner dans la Police, laquelle ne continue qu'après le consentement de la Compagnie (12.)

Art. 8. Avant de faire, dans les bàtimens assurés ou renfermant des objets assurés, des changements ou des constructions qui multiplient ou augmentent les risques (13).

Avant d'établir dans ces bâtimens ou ceux contigus une fabrique, une usine, une machine à vapeur, une profession ou une manipulation augmentant les dangers du feu;

Avant d'y introduire des denrées, des marchandises ou des objets quelconques qui aggravent les chances d'incendies;

Avant de transporter les objets assurés dans d'autres lieux que ceux désignés par la Police;

Avant de transférer l'effet de l'assurance des risques locatifs et du recours des voisins d'un lieu à un autre;

L'assuré est tenu de le déclarer à la Compagnie, de faire mentionner sa déclaration sur

---

(12) Quelques compagnies se réservent le droit de résilier le contrat en cas de mutation, de propriété même lorsqu'il s'agit d'assurances immobilières.

(13) Susceptibles par leur nature d'aggraver les risques. (police de la compagnie royale.)

sa police, et de payer, s'il y a lieu, une augmentation de prime.

Si dans une propriété contiguë à celle assurée, il est élevé des bâtiments couverts en bois ou en chaume, ou s'il y est établi un théâtre, une filature de coton, de lin ou de laine, une fabrique ou une raffinerie de sucre, ou une fabrique de garance, l'assuré est tenu de le déclarer au plus tard dans le mois qui suivra l'établissement de la fabrique ou la construction desdits bâtiments, de faire mentionner sa déclaration dans la Police, et de payer une prime additionnelle.

ART. 9. Si l'assuré a fait couvrir, avant la date de la présente Police, ou s'il fait garantir postérieurement les objets sur lesquels porte l'assurance, pour quelque cause ou somme que ce soit, par des associations mutuelles, ou par des assureurs sous tout autre titre ou dénomination, il est tenu de le déclarer et de le faire mentionner sur la Police (14).

Si l'assuré a fait couvrir antérieurement, ou s'il fait couvrir postérieurement des objets autres que ceux sur lesquels porte l'assurance, mais faisant partie du même risque, il est tenu également de le déclarer et de le faire mentionner sur sa Police.

L'assuré doit, si la Compagnie l'exige, jus-

---

(14) Les compagnies anglaises qui ont établi des agents en France, n'exigent que la déclaration des assurances déjà faites au moment de la signature de la police, et ne parlent pas de celles qui seraient contractées postérieurement avec d'autres assureurs. Elles paient les frais de déplacement des objets sauvés au moment du sinistre.

tifier de l'assurance déclarée par la production de son titre.

Art. 10. Lors des déclarations prescrites par les articles 7, 8 et 9, la Compagnie se réserve le droit de résilier la Police par une simple notification, et les primes payées ou échues lui demeurent acquises.

Faute de ces déclarations et de leur mention sur la Police, ou en cas de refus de la production de titre prévue par l'article 9, l'assuré, ses représentants ou ayant-cause n'ont droit, en cas d'incendie, à aucune indemnité.

Art. 11. La Compagnie se réserve le droit, lorsque l'assurance porte sur marchandises, fabrique, usine, mobilier industriel, récoltes, ou autres objets sujets à varier, de réduire à son gré et en tout temps le montant de l'assurance.

Si l'assuré ne consent point immédiatement aux réductions voulues par la Compagnie, la Police est résiliée de plein droit par une simple notification, et la Compagnie restitue, par exception à l'article 5, la portion de prime payée applicable au temps restant à courir.

La Compagnie peut exiger le serment de l'assuré dans les formes voulues par la loi.

L'assuré qui exagère sciemment le montant des dommages, celui qui suppose détruits par le feu des objets qui n'existaient pas au moment du sinistre, celui qui dissimule ou soustrait tout ou partie des objets sauvés, celui qui emploie comme justification des moyens ou documents mensongers ou frauduleux, celui enfin qui a causé volontairement l'incendie des objets assurés, est entièrement déchu de tous droits à une indemnité, et la Compagnie a la faculté de résilier toutes les polices qu'elle a contractées avec le même assuré.

ART. 12. Toute réticence, toute fausse déclaration de la part de l'assuré, qui diminueraient l'opinion du risque ou en changeraient le sujet, annulent l'assurance ; l'assurance est nulle même dans le cas où la réticence ou la fausse déclaration n'auraient pas influé sur le dommage ou la perte de l'objet assuré. Code de comm., 348.

ART. 13. Aussitôt que l'incendie se déclare, l'assuré doit employer tous les moyens en son pouvoir pour en arrêter les progrès et pour sauver les objets assurés.

La Compagnie tient compte des dégâts et des frais de déplacement dont il sera justifié.

L'assuré doit à l'instant même donner avis de l'événement au directeur de la Compagnie, si l'incendie a eu lieu dans le département de la Seine, et à l'agent de l'arrondissement, si l'incendie est arrivé dans un autre département.

ART. 14. Immédiatement après l'incendie (15), l'assuré doit, à ses frais, faire sa déclaration devant le Juge de paix du canton; cette déclaration indique l'époque précise de l'incendie, sa durée, ses causes connues ou présumées, les moyens pris pour en arrêter les

---

(15) Dans les 24 heures. (Police de la Compagnie royale.)

progrès, ainsi que toutes les circonstances qui l'ont accompagné; elle indique encore la nature et la valeur approximative du dommage. Une expédition en forme est transmise sans délai, soit, comme il est dit ci-dessus, à l'agent de l'arrondissement, soit au directeur de la Compagnie. L'assuré est tenu de fournir ensuite l'état, certifié par lui, des objets incendiés, avariés et sauvés.

Si, dans les quinze jours de l'incendie, l'assuré n'a pas transmis les pièces exigées par le présent article, il est déchu de tous ses droits contre la Compagnie, à moins d'impossibilité constatée.

ART. 15. Si les bâtimens assurés par la Compagnie sont endommagés ou détruits, par ordre de l'autorité, pour arrêter les progrès d'un incendie, la Compagnie rembourse les dommages (16).

ART. 16. L'assuré est tenu de justifier à la Compagnie ou à l'agent compétent , par tous les moyens et documens en son pouvoir, de l'existence et de la valeur des objets assurés au moment de l'incendie, ainsi que de la valeur du dommage (17).

---

(16) Si le feu se communique d'une propriété assurée par la compagnie à une autre propriété assurée par elle, la compagnie renonce à exercer son recours contre l'assuré dont la propriété aura communiqué l'incendie (Compagnie royale). Cette clause nous parait tout à fait un hors-d'œuvre ici; les compagnies assurant toujours contre le recours du voisin.

(17) La désignation dans la police des objets assurés ne peut être opposée comme une preuve de leur exis-

Art. 17. Les dommages d'incendie sont réglés de gré à gré, ou évalués, en suite d'enquête ou d'expertise contradictoire, par deux experts choisis par les parties, soit sur les lieux, soit ailleurs. Ils s'adjoignent, s'ils ne sont pas d'accord, un tiers-expert; les trois experts opèrent en commun et à la majorité des voix. Les parties peuvent exiger respectivement que le tiers-expert soit choisi hors du lieu où réside l'assuré (18).

Art. 18. Les immeubles, non compris la valeur du sol et les effets mobiliers, sont estimés d'après leur valeur vénale au moment de l'incendie; les matières, denrées et marchandises, sont évalués au cours du jour de l'incendie.

Art. 19. S'il résulte de l'évaluation de gré à gré ou de l'expertise que la valeur des objets assurés etait inférieurs à la somme assurée, l'assuré n'a droit qu'au remboursement de la perte réelle et constatée.

Si, au contraire, il est reconnu que la valeur des objets couverts par la Police excédait, au moment de l'incendie, la somme assurée, l'assuré est son propre assureur pour l'excédant, et il supporte, en cette qualité, sa part des dommages au centime le franc.

S'il y a plusieurs assureurs et si les déclarations prescrites par le premier paragraphe

---

tence au moment de l'incendie, etc. (Compagnie générale.)

(18) Les frais d'expertise sont à la charge de la compagnie. (Compagnie royale.)

de l'article 9 ont été mentionnées, la Compagnie, en cas d'incendie, supporte, au centime le franc de la somme assurée par elle, la perte réglée suivant les clauses de la nouvelle police.

De plus, et toutes les fois que, conformément à l'article 4, la Compagnie n'aura perçu que les quatre cinquièmes de la prime, elle ne remboursera que les quatre cinquièmes du dommage réglé comme il est dit ci-dessus.

Dans aucun cas la Compagnie ne peut être tenue de rien payer au-delà de la somme assurée et de sa part dans les frais d'expertise.

Art. 20. L'assuré ne peut faire aucun délaissement, ni total, ni partiel, des objets assurés, avariés ou non avariés.

La Compagnie peut, dans les délais déterminés à l'amiable ou par experts, faire réparer ou construire , à dire d'experts , les bâtimens que l'incendie aurait endommagés ou détruits.

Elle peut reprendre en totalité ou en partie pour le montant de leur estimation les objets avariés et les matériaux provenant des bâtimens incendiés.

Elle peut de même en totalité ou en partie remplacer en nature, à l'amiable ou à dire d'experts, les objets avariés ou détruits par l'incendie.

Art. 21. L'assurance du risque locatif est basée sur le prix de la location. Si le locataire la fait couvrir une somme égale à quinze fois au moins le montant annuel de son loyer, la Compagnie répond à sa place de la totalité du dommage, jusqu'à concurrence de la somme assurée.

S'il n'a fait assurer qu'une somme moindre la Compagnie répond seulement du dommage dans la proportion existant entre la somme assurée et le montant de quinze années de loyer.

ART. 22. La Compagnie se réserve, en cas d'incendie, ou dans le cas prévu par l'article 15, ses droits et ceux de l'assuré contre tous garants généralement quelconques, à quelque titre que ce soit, et notamment contre les locataires, voisins, auteurs de l'incendie, associations d'assurance mutuelle, assureurs à prime, ou autrement. A cet effet, l'assuré, en ce qui le concerne, la subroge sans garantie, par le seul fait de la présente Police, et sans qu'il soit besoin d'aucune autre cession, transport, titre ou mandat, à tous ses droits, recours ou actions. L'assuré est tenu, quand la Compagnie l'exige, de réitérer ce transport par acte séparé et notarié, comme aussi de réitérer la subrogation dans la quittance du dommage.

Si le feu se communique d'un bâtiment assuré par la Compagnie à un autre bâtiment qu'elle aurait également assuré, elle renonce à exercer son recours contre l'assuré dont le bâtiment aurait communiqué l'incendie.

ART. 23. Toute contestation entre l'assuré et la Compagnie sur les dommages d'incendie, sur les opérations et évaluations des experts et sur l'exécution des dispositions de la présente Police, autres que celles prévues par l'article 5, est soumise à trois arbitres jugeant conjointement, et choisis l'un par l'assuré, l'autre par la Compagnie, et le troisième par les deux arbitres réunis.

Faute par l'une des parties de nommer son arbitre ou expert, ou par les arbitres ou experts de s'accorder sur le choix du troisième arbitre ou tiers-expert, il est désigné d'office par le président du tribunal de commerce dans les arrondissements où il en existe, et à défaut par le président du tribunal de première instance.

Les arbitres et experts sont dispensés de toute formalité judiciaire.

Les frais d'arbitrage et d'expertise sont supportés par moitié entre la Compagnie et l'assuré. (19)

ART. 24. La somme à laquelle le dommage a été fixé est payée comptant. (20)

La Compagnie, après le sinistre, et quelle que soit l'importance du dommage, peut résilier la Police en tout ou en partie, par une simple notification.

---

(19) Mais de ce que, aux termes de la police d'assurance, les frais d'arbitrage doivent être supportés par moitié entre l'assuré et la compagnie, il ne s'ensuit que, si dans le cours de l'arbitrage la compagnie donne lieu par des incidens à des frais plus considérables que ceux d'un arbitrage ordinaire qui aurait suivi sa marche naturelle, ces frais ne puissent être mis à la charge de cette compagnie. (Cass. 24 février 1835. Annales, t. 2, p. 261.)

(20) Les frais d'une quittance notariée du sinistre. sont à la charge des assureurs, à moins toutefois qu'il n'y ait stipulation contraire. Journal des Assurances, t. I, p. 182.

Art. 25. Toute action en paiements de dommages est prescrite par *six mois*, à compter du jour de l'incendie ou des dernières poursuites. En conséquence, la Compagnie, ce délai expiré, ne peut être tenue à aucune indemnité. (21)

§ 2. *Conditions particulières.*

La Compagnie prend à ses ris-ques, périls et fortune aux conditions générales qui précèdent et à celles particulières ci-après : de M demeurant à agissant pour son compte et celui de qui il appartiendra la somme de cent cinquante mille francs qui s'applique comme suit aux objets détaillés ci-après (22);

---

(21) La Salamandre fait remise de la prime due pour la dernière année, quand l'assurrance est souscrite pour 10 ans.

(22) 365 voitures par an, à raison d'une par jour, chaque voiture d'une valeur moyenne de 40,000 fr. multipliée par le terme de 3 jours de route donnent un risque continuel de 120,000 fr.

SAVOIR :

1° Cent vingt mille francs sur son roulage accéléré, trois cent soixante-cinq voitures par an, à raison d'une par jour, partant de. . . . . pour. . . . chaque voiture du poids moyen de. . . . kilog. des marchandises d'une valeur moyenne de quarante mille francs, multipliée par le terme fixé de trois jours de route, donne un risque continuel de ladite somme, (23) ci. . . . .

2° Trente mille francs sur le même roulage en retour de. . . . à. . . . le même nombre de voitures par an, à raison d'une par jour, chaque voiture du poids de. . . . kilog. de marchandises d'une valeur moyenne de dix mille francs, multipliée par le terme fixé de trois jours de route, donne un risque continuel de ladite somme, ci. . . . . .

Somme égale : cent cinquante mille francs, ci. .

INDICATION EN CHIFFRE POUR CHAQUE RISQUE ASSURÉ.		
DU CAPITAL DE L'ASSURANCE.	DU TAUX DE LA PRIME P. o/o	DE LA SOMME PAYÉE POUR PRIME
120,000		
30,000		
150,000	2	300

(23) La police de la compagnie d'assurance maritime de Hambourg garantit non seulement les risques de

Les marchandises ne seront couvertes pour l'assurance qu'autant qu'elles auront été, lors de leur expédition, portées par ordre de date et d'enregistrement sur les registres de l'assuré. (24)

L'assurance suivra les marchandises lors même qu'elles seront portées avec ou sans les voitures à bord de bacs ou bateaux, suivant la disposition des localités, ou même sur toute autre voiture en route.

En cas d'incendie, il sera, aux soins et diligence des assurés, ou de leur ayant-cause, ou des autorités locales, dressé le plus tôt possible procès-verbal de la déclaration d'incendie, auquel procès-verbal seront annexées les lettres de voitures en original, ou leur copie, si faire se peut.

---

tempête, ouragan, naufrage, voie d'eau, avaries, feu, capture, hostilité, etc., mais encore ceux de pillages par des voleurs de grandes routes et *autres*, et enfin tous les accidens quels qu'ils soient sur les marchandises expédiées par terre, canaux, etc.

(24) Ces sortes d'assurances, peu connues encore à Paris, sont d'un usage très fréquent à Londres; les engagements que contractent dans ces occasions les compagnies anglaises sont loin, du reste, d'être uniformes; elles répandent dans le public des espèces de prospectus imprimés, intitulés Propositions (*Proposals*) et contenant un aperçu de leurs moyens pécuniaires et de leur mode d'opérer, la classification des biens selon leurs risques, le taux des primes, les conditions générales de l'assurance et souvent des renseignements particuliers. La police, proprement dite alors, est l'acte spécial qui, pour chaque assurance, lie l'assureur et l'assuré; elle est distincte des propositions imprimées, dont elle modifie presque toujours les clauses.

L'assuré est obligé de prévenir la Compagnie immédiatement après qu'il aura connaissance des dégâts, de donner une note aussi détaillée que possible des marchandises chargées sur la voiture atteinte par le feu, en indiquant le nom et l'adresse des propriétaires ou expéditeurs, et de remettre les lettres de voitures en original ou en copie certifiée conforme aux registres.

Il sera en outre fourni à la Compagnie tous les documens au fur et à mesure qu'ils pourront se les procurer.

L'assuré adressera à la Compagnie les demandes qui lui seront faites par les envoyeurs pour la perte éprouvée par suite de l'incendie.

Ces formalités remplies, la Compagnie dérogeant aux dispositions du deuxième paragraphe de l'art. 19 des conditions generales du présent contrat, remboursera le dommage; neamoins, dans aucun cas elle ne pourra être tenue de payer pour les marchandises chargeés sur une seule et même voiture au-delà de la somme de quarante mille francs pour l'aller de. . . . à . . . et de dix mille francs pour le retour, quelle que soit d'ailleurs la valeur excédante des marchandises chargées sur ladite voiture.

Dans le cas où au moment du sinistre il se rait reconnu que l'assuré a expédié un plus grand nombre de voitures que celui déclaré et qui a servi de base pour déterminer la prime annuelle, il perdra tous ses droits à la derogation à la règle proportionnelle stipulée en sa faveur par la condition qui précède, et rentrera dans les dispositions de l'article 19 des conditions générales du présent contrat.

La Compagnie ne garantit point contre l'incendie, les acides et eaux fortes, et ne répond dans aucun cas des pertes, dommages, ou avaries qui pourraient être occasionés sur les chargements par leur contact.

Ne sont pas compris dans l'assurance les chevaux, ni les équipages.

L'assurance est faite, sans aucune bonification d'année gratuite, pour
à partir de   à midi, moyennant la prime détaillée ci-dessus et d'autre part, faisant par an la somme de   que l'Assuré s'oblige à payer à la Compagnie
, le   de chaque année, pendant toute la durée de la présente assurance

En conséquence, la Compagnie
s'engage, en cas d'incendie, à rembourser X... assuré, suivant les conditions tant générales que particulières de la présente police, la valeur des objets ci-dessus désignés, jusqu'à concurrence de la somme de

Les conditions imprimées et manuscrites de la présente police ne pourront, dans aucun cas, être réputées comminatoires : elles sont aussi expressément convenues et arrêtées entre les parties pour être exécutées de bonne foi.

Fait double à Paris, le
                      Signatures.

FIN.

9 782329 387413